Lena Brorsson Alminger

Schwedisch backen

Lena Brorsson Alminger

# Schwedisch backen

Kuchen, Torten & Gebäck

Aus dem Schwedischen von Christine Waßmann

# Inhalt

Schwedisch backen .................................................................................... 7

Hinweise zum Backen ............................................................................. 11

Grundrezepte ........................................................................................... 14

Hefegebäck ............................................................................................... 18

Süße Leckereien ohne Backen ............................................................... 32

Kekse .......................................................................................................... 40

Muffins und weiche Rührkuchen ......................................................... 60

Tartes und Co. ......................................................................................... 86

Torten ........................................................................................................ 96

Adressen ................................................................................................. 112

Die Autorin ............................................................................................ 114

Rezeptindex ........................................................................................... 115

# Schwedisch backen

## Kaffeekränzchen und sieben Sorten Kuchen

Die Einladung zu Kaffee und Kuchen ist eine alte schwedische Tradition. Auch wenn wir spontan Besuch erhalten, laden wir gerne auf eine Tasse Kaffee, ein Stück Kuchen oder etwas Gebäck ein. Ein nostalgischer Ausdruck für das Kuchenessen in geselliger Runde ist »*kafferep*« – »Kaffeekränzchen«. Früher war das meist eine weibliche Angelegenheit.

Heutzutage sind Kaffeekränzchen nach alter Tradition nicht mehr allzu üblich. Aber wir trinken gerne Kaffee und Tee und essen dazu Hefegebäck, ein paar weiche Kuchen wie Muffins und Kleingebäck. Das nennen wir dann *»fika«*. *»Fika«* ist heutzutage ein sehr gebräuchliches Wort und bezeichnet an normalen Werktagen das Kaffeetrinken in Gesellschaft.

An festlichen Tagen treffen wir uns dagegen zum »Kaffee«.

»Sieben Sorten Kuchen« – »*sju sorters kakor*« – ist ebenfalls ein alter und sehr bekannter Begriff in Schweden. Er geht wohl auf die Tradition zurück, wonach mindestens sieben verschiedene Sorten Kuchen zu einem Kaffeekränzchen serviert werden sollten. Nach einem Backwettbewerb der Haushaltszeitschrift *Icakuriren* wurde 1945 das Buch »*Sju sorters kakor*« geschrieben. Es hat bis heute 87 Auflagen erlebt und ist mit bisher über 3,4 Millionen verkauften Exemplaren Schwedens meistverkauftes Buch.

Heutzutage müssen es nicht mehr unbedingt sieben verschiedene Kuchen sein – üblich sind jedoch ein Hefegebäck, ein oder zwei verschiedene weiche Rührkuchen und einige Kekse. Manchmal, zu festlichen Anlässen, auch eine Torte. Die traditionelle Reihenfolge, in der man die verschiedenen Gebäcke genießt, ist immer noch wichtig: Zuerst isst man das Hefegebäck, dann die weichen Kuchen und zuletzt die feinen Kekse. Gibt es Torte, isst man sie zuletzt. Nach allen Kuchen.

Gerne machen wir an hellen Sommertagen auch einen Ausflug in eines der vielen beliebten Gartencafés, wo wir die Seele baumeln lassen und unter lauschigen Bäumen und zwischen Blumenbeeten köstliche Kuchen genießen. Ich stelle Ihnen in diesem Buch neun wunderschöne Cafés vor. Es sind ganz verschiedene Einrichtungen, wo sich diese Cafés befinden – in ökologischen Gärtnereien, einem Kurzentrum, einem Museumsviertel, einem Schlossgarten, einem Literaturzentrum, mitten in einer herrlichen Seenlandschaft oder mit Blick aufs Meer. Jedes Café hat mir für dieses Buch ein Rezept einer seiner Gebäckspezialitäten verraten – dafür ganz herzlichen Dank! Versuchen Sie die Rezepte und genießen Sie die Kuchen in Ihrem eigenen Garten oder bei einem Picknick im Sonnenschein.

## Lebensfreude

Schwedische Kuchen, Torten, Hefeteilchen und Kekse werden seit jeher fast immer aus gesiebtem, weißem Weizenmehl, weißem Zucker, Butter und Eiern gebacken. In diesem Buch habe ich die Rezepte modernisiert und meine Kuchen mit fein gemahlenem Weizenvollkornmehl oder fein gemahlenem, gesiebtem, nahrhafterem Dinkelmehl gebacken. Selbstverständlich wähle ich alle Zutaten aus ökologischem Anbau und möglichst aus der Region. Die Eier kommen immer von glücklichen Hühnern.

*Denn wer will schon Kuchen von unglücklichen Hühnern essen?*

Kuchen zu essen ist Lebensfreude und Genuss. Ich wurde als Läuferin geboren und bin gerne in der Natur unterwegs. Und ich liebe Kuchen! Ein guter Spruch, der Lebensfreude und Genuss sowohl der Bewegung als auch des Kuchenessens in sich birgt, könnte folgendermaßen lauten: »Ich liebe es zu laufen, weil ich Kuchen liebe!«

*Denn in der Bewegung stecken nicht nur Lebenskraft und Gesundheit, sondern auch gute Gedanken!*

Ob im Laufschritt, im Gehen, ob mit Stöcken oder beim Treten in die Pedale: Vielleicht wären die Gedanken niemals aufgetaucht, hätte sie nicht die Bewegung zum Leben erweckt.

Der Genuss der Bewegung zeigt sich im vertrauten Gefühl, den eigenen Herzschlag und die Muskelzellen zu beherrschen, sich aufgehoben und beschützt zu fühlen.

Kuchen zu genießen ist ein Luxus, den wir uns gönnen sollten, und der Genuss wird noch größer, wenn unser Körper immer seine Portion Bewegung und gesundes Essen bekommt.

*Warmer Kakao und ein paar Haferplätzchen nach einem Spaziergang, das ist Glück.*

Eine Schokoladentorte nach einem bunten Salat kann jeden froh machen. Und einen Korb mit Zimtschnecken auf einer Fahrradtour oder beim Kanufahren dabeizuhaben – besser kann das Leben wohl nicht sein!

# Hinweise zum Backen

Im Folgenden gebe ich Ihnen einige Tipps, damit Ihre Kekse, Hefeteilchen, Kuchen und Torten gut gelingen. Berücksichtigen Sie diese Hinweise und freuen Sie sich bereits beim Backen auf die süßen schwedischen Köstlichkeiten in diesem Buch!

✿ Verwenden Sie für weichen **Rührteig, Hefeteig** und **Biskuitteig** stets **zimmerwarme Zutaten.** Bei **Mürbeteig** für Kekse und Tartes sollten die Zutaten **möglichst kühl** sein.

✿ Es ist wichtig, die Mehle und das Triebmittel (Backpulver, Hirschhornsalz, Natron) und gegebenenfalls gemahlene Nüsse, Kakaopulver, Stärkemehle, Kartoffelmehl und Ähnliches immer **sorgfältig zu mischen,** bevor Sie diese trockenen Zutaten zu den feuchten Zutaten, zum Beispiel zu Wasser oder Milch, Sirup oder Honig, Eiern, Butter oder Öl, und zum Zucker geben.

✿ **Natron** können Sie durch die doppelte Menge Backpulver ersetzen.

✿ **Natron** hat in weichen Rührteigen gerne eine saure Zutat wie Joghurt oder Preiselbeermarmelade.

✿ **Hirschhornsalz** macht Kleingebäck schön mürbe.

✿ Rühren Sie eine **Eiermasse** nicht zu lange, weil das Volumen des Eierschaums sonst wieder verloren gehen kann.

✿ Ist ein Teig **zu fest,** enthält er häufig zu viel Mehl. Fügen Sie, falls möglich, ein zusätzliches Ei oder etwas mehr Flüssigkeit hinzu.

✿ Bei weichen Rührkuchen und Muffins sollten Sie die **Backform** nicht mehr als **zu zwei Dritteln** füllen, weil Rührkuchen beim Backen gerne überläuft.

- Ein **Rührteig** kann vor dem Backen auch eine Weile in der Backform **ruhen**. Das soll den Kuchen oder die Muffins lockerer machen.
- Lassen Sie **Mürbeteig** vor dem Ausrollen und Weiterverarbeiten oder bereits in der Backform verteilt zugedeckt eine Weile **im Kühlschrank ruhen**.
- Einen **Mürbeteig** für Kleingebäck können Sie in Frischhaltefolie verpackt im Kühlschrank 1 bis 2 Wochen und im Gefriergerät 2 bis 3 Monate **aufbewahren**.
- Backen Sie bei **Keksen** und **Kleingebäck** immer ein Stück **zur Probe**.
- **Kekse**, die beim Backen **zerfließen**, enthalten möglicherweise zu viel Butter oder Öl. Versuchen Sie in diesem Fall, dem restlichen Teig etwas zusätzliches Mehl beizugeben. Es ist immer gut, zuerst ein Stück zur Probe zu backen!
- Hefeteilchen, *Wienerbröd* – das ist eine Art Blätterteiggebäck, das in Deutschland »Kopenhagener Gebäck« oder »Dänisches Plundergebäck« genannt wird –, Muffins, Biskuitrollen und Kleingebäck wie Kekse und Plätzchen werden am besten auf der **mittleren Schiene** des Backofens gebacken. Rührkuchen gefällt es auf der **unteren Schiene** besser.
- **Nicht** den **Backofen öffnen,** während **Rührkuchen** gebacken wird!
- Prüfen Sie mit einem **Holzstäbchen,** ob Rührkuchen und Muffins fertig gebacken sind: Stechen Sie dafür mit einem Holzstäbchen (zum Beispiel mit einer hölzernen Stricknadel oder einem Schaschlikspieß) möglichst an der dicksten Stelle in den Kuchen und ziehen Sie das Stäbchen wieder heraus. Wenn das Stäbchen frei von Teigkrümeln wieder zum Vorschein kommt, ist der Kuchen fertig!
- Lassen Sie Kleingebäck und Rührkuchen **abkühlen,** bevor Sie die Kuchen und Stückchen bewegen oder aus der Form nehmen.

| **Abkürzungen und Einheiten** | | |
|---|---|---|
| TL | = | Teelöffel |
| EL | = | Esslöffel |
| ml | = | Milliliter |
| l | = | Liter |
| g | = | Gramm |
| kg | = | Kilogramm |
| cm | = | Zentimeter |

## Besondere Zutaten

### Sirap
In Schweden wird weißer, heller und dunkler Zuckerrübensirup zum Kuchenbacken verwendet – *vit, ljus* und *mörk sirap*. Außerdem gibt es noch einen dunklen Brotsirup mit Malz. Schwedischer dunkler Zuckerrübensirup ist aromatisch und mild – häufig milder als der hierzulande übliche dunkle Zuckerrübensirup. Schwedischer weißer Sirup ist eine dicke, milde Zuckerlösung, aber dieser Sirup macht Hefegebäck herrlich weich.

Statt weißem und hellem Zuckerrübensirup können Sie milden, flüssigen Honig, Agavendicksaft, Reissirup oder feinen Vollrohrzucker verwenden (100 g Honig oder fein gemahlener Vollrohrzucker für 100 g Sirup).

### Strösocker
Schwedischer *Strösocker* ist ein weißer, raffinierter Zucker, der etwas gröber als normaler weißer Haushaltszucker ist.

Statt *Strösocker* verwenden Sie am besten einen etwas gröberen Vollrohrzucker.

### Gräddfil
*Gräddfil* ist ein schwedisches Milchprodukt mit cremig fester Konsistenz wie Schmand oder Crème fraîche und 12 Prozent Fett. Geschmacklich ähnelt es saurer Sahne.

Verwenden Sie statt *Gräddfil* griechischen Joghurt mit 10 Prozent Fett oder saure Sahne.

## Backtemperaturen und Backzeiten

Alle in diesem Buch angegebenen Backtemperaturen und Backzeiten gelten für einen **vorgeheizten Elektrobackofen** mit **Ober- und Unterhitze**. Bei Gasbacköfen oder beim Backen mit Umluft bitte die Angaben des Herstellers beachten und die entsprechende Backtemperatur und Backzeit aus der Bedienungsanleitung entnehmen und anpassen.

# Grundrezepte
*Grundrecept*

## Vanillecreme 1
*Vaniljkräm 1*

Für 700 bis 800 g Vanillecreme

*1 Vanilleschote*
*500 ml Vollmilch*
*7 Eigelb von glücklichen Hühnern*
*125 g fein gemahlener Roh-Rohrzucker*
*2 EL Kartoffelmehl*
*25 g Butter*

- ❁ Das Mark der Vanilleschote auskratzen.
- ❁ Milch, das ausgekratzte Vanillemark und die Vanilleschote in einen Topf geben. Schnell zum Kochen bringen und dann vom Herd nehmen.
- ❁ Eigelb, Zucker und Kartoffelmehl verquirlen und in die Vanillemilch geben.
- ❁ Die Vanillemilch wieder auf die Herdplatte geben und köcheln lassen, bis sie eindickt, dabei ständig rühren.
- ❁ Den Topf vom Herd nehmen und die Vanilleschote herausnehmen.
- ❁ Die Butter unterrühren und die Creme abkühlen lassen.

# Vanillecreme 2
*Vaniljkräm 2*

Für etwa 400 ml Vanillecreme

*3 sehr frische Eigelb von glücklichen Hühnern*
*2 EL fein gemahlener Roh-Rohrzucker*
*1 – 2 EL Bourbonvanillezucker*
*300 ml Schlagsahne*

❂ Eigelb, Zucker und Vanillezucker verquirlen, bis sich der Zucker aufgelöst hat und eine glatte Creme entstanden ist.
❂ Die Sahne steif schlagen und mit der Eigelbcreme mischen.

# Zitronencreme
*Citronkräm*

Für etwa 500 g Zitronencreme

*100 ml Zitronensaft*
*2 – 3 EL abgeriebene Zitronenschale*
*3 Eier von glücklichen Hühnern*
*200 g fein gemahlener Roh-Rohrzucker*
*100 g Butter*

✿ Zitronensaft, Zitronenschale, Eier und Zucker in eine Schüssel geben und die Schüssel ins heiße Wasserbad stellen.
✿ Die Masse mit einem Schneebesen verquirlen und schlagen, bis sie eindickt.
✿ Vom Herd nehmen und die Butter unterrühren. Abkühlen lassen.

# Traumtorte
*Drömtårta*

Ein Grundrezept ist *Drömtårta* zwar nicht, aber eine wunderbare »Tantentorte« schwedischer Kaffeekränzchenkultur, die in diesem Buch nicht fehlen darf.

Für eine Biskuitrolle

*3 Eier von glücklichen Hühnern*
*130 g fein gemahlener Vollrohrzucker*
*65 g Kartoffelmehl*
*2 EL Kakaopulver, 1 TL Backpulver*
*weiche Butter und Vollrohrzucker für das Backpapier*

*Füllung*
*100 g zimmerwarme Butter*
*160 g Puderzucker (gerne aus Roh-Rohrzucker)*
*2 TL Bourbonvanillezucker*
*1 Eigelb von einem glücklichen Huhn*

❁ Die Eier mit dem Zucker schaumig schlagen. Kartoffelmehl, Kakaopulver und Backpulver mischen und über die Eiermasse sieben. Vorsichtig unterrühren. Den Teig gleichmäßig auf einem gefetteten Backpapier, das auf einem Backblech liegt, verstreichen und im vorgeheizten Backofen bei 250 °C etwa 5 Minuten backen.
❁ Die Kuchenplatte vorsichtig mit der Oberseite nach unten auf Backpapier, mit Zucker bestreut, stürzen. Zum Ablösen des mitgebackenen Backpapiers kurz ein feuchtes Küchentuch darauf legen und das Papier abziehen. Anschließend die Teigplatte abkühlen lassen.
❁ Für die Füllung Butter, Puderzucker, Vanillezucker und Eigelb verrühren, sodass eine herrliche Buttercreme entsteht. Die Creme auf dem Kuchen verstreichen und das Ganze dann sehr vorsichtig ohne das Backpapier aufrollen.
❁ Wenn man sich nach einem etwas mageren Kuchen sehnt, ist es eine gute Idee, statt Buttercreme 500 g griechischen Joghurt und 150 g getrocknete Moosbeeren (oder Preiselbeeren oder Cranberrys) als Füllung zu nehmen.

# Hefegebäck
*Vetebröd*

## Zimtschnecken
*Kanelbullar*

*Kanelbullar* sind so sehr Teil der schwedischen Volksseele, dass sie sogar einen eigenen Tag bekommen haben! Tag der Zimtschnecke ist der 4. Oktober. Die üblichste Form dieses Zimtgebäcks ist die Schnecke. In den vergangenen Jahren wurde dieses Gebäck in einigen angesagten Cafés immer größer. In Göteborg gibt es Cafés, wo die Zimtschnecken einen Durchmesser von 25 bis 30 cm haben.

Stellen Sie sich vor: Mein Mann, der Zimtschnecken über alles liebt, mehr als üppige Torten, leckere Schokoladenversuchungen und knuspriges Kleingebäck, ist am 4. Oktober geboren!

**Für 20 große oder 40 kleine Zimtschnecken**

*100 g Butter*
*500 ml Vollmilch, Sojadrink, Haferdrink oder Wasser*
*100 g Joghurt*
*100 g weißer Zuckerrübensirup (siehe Seite 13),*
  *Agavendicksaft oder fein gemahlener Vollrohrzucker*
*1 – 2 TL gemahlener Kardamom*
*25 g frische Hefe*
*1 TL Backpulver*
*800 – 840 g fein gemahlenes, gesiebtes Weizenvollkornmehl*
*50 – 100 g zerlassene Butter oder Rapsöl zum Bestreichen*
*Zimtzucker zum Bestreuen*
*Butter oder Rapsöl für das Backblech*
*1 verquirltes Ei von einem glücklichen Huhn*
*Hagelzucker oder grober Vollrohrzucker zum Bestreuen*

- ❈ Die Butter zerlassen.
- ❈ Butter mit Milch, Sojadrink, Haferdrink oder Wasser, Joghurt, Sirup, Dicksaft oder Zucker und Kardamom verrühren.
- ❈ Wenn die Mischung abgekühlt ist, die Hefe unterrühren. Wenn es schneller gehen soll, nehmen Sie doppel so viel Hefe und rühren die Hefe in die Milch-Sirup-Mischung, wenn diese noch handwarm ist (37 °C).
- ❈ Das mit dem Backpulver gemischte Mehl unterkneten, sodass ein fester, aber trotzdem lockerer Teig entsteht, der anschließend über Nacht (etwa 8 Stunden) abgedeckt im Kühlschrank gehen muss. Bei Verwendung der warmen Teigflüssigkeit geht der Teig etwa 1 Stunde bei Zimmertemperatur.
- ❈ Den Teig auf ein Backbrett legen und zu einer 3 bis 5 mm dünnen Platte ausrollen.
- ❈ Mit zerlassener Butter oder Öl bestreichen.
- ❈ Zimtzucker darauf verteilen.
- ❈ Teigplatte zu einer langen Rolle formen und diese in 2 bis 3 cm dicke Scheiben schneiden.
- ❈ Teigschnecken auf ein gefettetes Backblech legen und 30 bis 40 Minuten gehen lassen.
- ❈ Die Schnecken mit Ei bepinseln und Hagelzucker oder groben Vollrohrzucker darauf streuen.
- ❈ Im vorgeheizten Backofen bei 250 °C 7 bis 10 Minuten backen.

## Södertälje-Kringel in Brezelform
*Södertäljekringlor*

Gebackene Kringel gibt es in Schweden seit dem Mittelalter, und die Kringeltradition in Södertälje in Södermanland, einer Landschaft südlich von Stockholm im Osten Schwedens, lässt sich vermutlich dreihundert Jahre zurückverfolgen. Früher gingen die Kringelweiblein durch Södertäljes Straßen und verkauften ihr Backwerk. Noch heute ist der Kringel ein Symbol dieser Stadt, in der die Tennislegende Björn Borg aufwuchs.

Typisch für die Kringel aus früherer Zeit ist, dass sie vor dem Backen gekocht wurden – genau wie die Bagels heute! Hier ist eine Variante der Södertälje-Kringel mit fein gesiebtem Dinkelmehl und Sauerteig. Herrlich saftig und geschmackvoll!

**Für 25 bis 30 Kringel**

*25 g frische Hefe*
*200 ml kalte Vollmilch*
*etwa 650 g fein gesiebtes Dinkelvollkornmehl*
*100 g zimmerwarme Butter*
*100 g Sauerteig aus Roggenvollkornmehl (siehe Seite 21)*
*½ TL Meersalz*
*40 g (4 – 5 EL) fein gemahlener Vollrohrzucker*
*2 Eier von glücklichen Hühnern*
*Dinkelvollkornmehl für das Backbrett*
*Butter für das Backblech*
*1 verquirltes Ei von einem glücklichen Huhn*
*Hagelzucker oder grober Vollrohrzucker zum Bestreuen*

✿ Hefe und Milch verrühren.
✿ Mehl, Butter, Sauerteig, Salz, Zucker und Eier in die Küchenmaschine geben und bei niedriger Geschwindigkeit gut vermischen. Die Hefemischung hinzufügen und den Teig geschmeidig rühren.
✿ Wer keine Küchenmaschine hat, mischt Mehl und Butter, rührt anschließend die Hefemilch hinein und dann Sauerteig, Salz, Zucker und Eier und verarbeitet alles kräftig zu einem geschmeidigen Teig.

❂ Hefeteig abgedeckt mindestens 2 Stunden bei Zimmertemperatur oder 6 bis 8 Stunden im Kühlschrank gehen lassen.
❂ Den Teig auf einem bemehlten Backbrett leicht kneten und 25 bis 30 Teigstückchen daraus formen, die jeweils zu einer 25 cm langen Rolle geformt und dann zu einem brezelförmigen Kringel gedreht werden. Kurz gehen lassen, bis alle Kringel fertig sind.
❂ In einem großen Topf reichlich Wasser zum Kochen bringen. Jeweils einige Kringel zusammen ins kochende Wasser legen. Sobald sie nach rund 30 Sekunden an die Oberfläche kommen, mit einem Schaumlöffel herausnehmen und auf ein gefettetes Backblech legen.
❂ Kringel mit verquirltem Ei bepinseln und mit Hagelzucker oder grobem Vollrohrzucker bestreuen.
❂ Kringel im vorgeheizten Backofen bei 250 °C 12 bis 15 Minuten backen.

*Sauerteig*
*180 g Roggenvollkornmehl*
*200 – 300 ml handwarmes Wasser*
*1 EL flüssiger Honig*

❂ Alle Zutaten für den Sauerteig in einer Schüssel verrühren, mit Frischhaltefolie abdecken und 3 bis 4 Tage bei Zimmertemperatur stehen lassen.
❂ Jeden Tag einige Male umrühren. Wenn der Teig säuerlich riecht und etwas Blasen wirft, haben sich die gesundheitsfördernden Milchsäurebakterien entwickelt, und der Teig kann verwendet werden.
❂ Der Sauerteig lässt sich einige Wochen im Kühlschrank aufbewahren. Hin und wieder etwas Mehl und Wasser hinzufügen, dann lebt er weiter. Man verwendet ihn zum Backen von Brot und Gebäck. Normalerweise wird Sauerteig nicht zum Backen von süßem Hefegebäck und Kuchen verwendet, aber ich mache es gern.

# Lussekatter

*Lussekatter*

Ab Lucia, dem Lichterfest am 13. Dezember, gibt es in Schweden *Lussekatter* (»Lussekatzen«, »Luciakatzen«) oder einfache *Lussebullar* (»Luciabrötchen«), süßes Hefegebäck, das häufig mit leuchtend gelbem Safran gebacken wird. Das Gebäck kann sehr unterschiedlich geformt sein: als Spirale, Doppelspirale oder mehrfach nebeneinandergelegt als »Lockenkopf« – in Schweden sagen wir dazu »Pfarrerlocke«. Safran ist ein wichtiges Weihnachtsgewürz. Teuer wie Gold und schön wie die Sonne!

Für etwa 30 Lussekatter

*150 g Butter*
*1 g Safranpulver (2 Briefchen)*
*500 ml Vollmilch*
*100 g Quark oder Joghurt*
*50 g frische Hefe*
*½ TL Meersalz*
*120 g heller Zuckerrübensirup (siehe Seite 13),*
   *Agavendicksaft oder flüssiger Honig*
*900 – 1000 g fein gemahlenes, gesiebtes Weizenvollkornmehl*
   *oder Dinkelvollkornmehl*
*2 TL Backpulver oder Hirschhornsalz*
*Rosinen*
*Butter für das Backblech*
*1 verquirltes Ei von einem glücklichen Huhn*

- ✿ Die Butter mit dem Safran bei kleiner Flamme zerlassen, die Milch dazugeben und alles lauwarm abkühlen lassen. Oder ganz abkühlen lassen, wenn der fertige Teig über Nacht im Kühlschrank gehen soll, bevor er geformt und gebacken wird.
- ✿ Quark oder Joghurt, Hefe, Salz und Sirup, Dicksaft oder Honig in die lauwarme oder abgekühlte Mischung rühren.

- ✿ Mehl mit Backpulver oder Hirschhornsalz mischen. So viel Mehl in die Milchmischung einarbeiten, dass ein geschmeidiger Teig entsteht. Nicht zu viel Mehl nehmen, den Teig lieber etwas lockerer bereiten als zu fest.
- ✿ Den Teig geschmeidig rühren und 60 Minuten im Warmen oder über Nacht im Kühlschrank gehen lassen.
- ✿ Den Teig auf ein Backbrett legen, leicht kneten, in etwa 30 Stücke teilen und diese zu Strängen rollen. Spiralen, Doppelspiralen oder einfache Brötchen aus dem Teig formen.
- ✿ Rosinen in die Spiralenmittelpunkte drücken.
- ✿ Lussekatter auf ein gefettetes Backblech legen und mit verquirltem Ei bepinseln. Etwa 15 Minuten gehen lassen.
- ✿ Im vorgeheizten Ofen bei 225 bis 250 °C etwa 8 Minuten backen.
- ✿ Dann die Lussekatter aus dem Ofen und vom Blech nehmen und mit einem Tuch bedecken, damit sie schön weich bleiben.

# Schokoladen-Marzipan-Semlor mit Sahnehaube
*Chokladsemlor*

Die traditionelle *Semla* ist ein weiches Hefegebäck, gefüllt mit Mandelmasse und Sahne. Der Teigdeckel wird mit Puderzucker bestäubt. Diese klassischen *Semlor* gibt es, aber sie sind nicht so verbreitet wie die blätterteigartigen *Wiener Semlor* oder die unwiderstehlichen Schokoladen-Semlor für Schokoladenliebhaber. Semlor-Puristen mögen diese unorthodoxen *Semlor* nicht, aber ich liebe sie!

Eigentlich beginnt die Semlor-Zeit im Februar zur Fastnacht, aber viele Bäckereien fangen schon zu Weihnachten an, *Semlor* zu backen. Die schwedische Semlor-Akademie mit Sitz in Göteborg krönt jedes Jahr die *Semla* des Jahres!

### Für 12 bis 15 Schokoladen-Marzipan-Semlor

*50 g Butter*
*50 g Bitterschokolade oder Milchschokolade guter Qualität*
*300 ml Vollmilch*
*50 g weißer Zuckerrübensirup (siehe Seite 13),*
  *Agavendicksaft oder flüssiger Honig*
*25 g frische Hefe*
*400 g fein gemahlenes, gesiebtes Weizenvollkornmehl*
*etwa 250 g fein gesiebtes Dinkelvollkornmehl*
*2 TL Backpulver*
*Butter für das Backblech*

*Marzipanfüllung*
*300 g Marzipanrohmasse*
*40 g (3 – 4 EL) Kakaopulver*
*3 – 5 EL Wasser oder Vollmilch*

*Das »Obendrauf«*
*300 ml Schlagsahne*
*30 g (3 EL) Kakaopulver*
*25 g (3 – 4 EL) fein gemahlener Vollrohrzucker*
*Kakaopulver zum Bestäuben*

✿ Butter und Schokolade in einem Topf bei schwacher Hitze zerlassen.
✿ Milch und Sirup, Dicksaft oder Honig dazugeben, die Mischung sollte handwarm sein (37 °C).
✿ Die Hefe unterrühren.
✿ Mehl und Backpulver mischen, dazugeben und alles zu einem geschmeidigen Teig verarbeiten. Nur so viel Mehl dazugeben, dass der Teig geschmeidig und etwas locker bleibt.
✿ Zugedeckt etwa 1 Stunde gehen lassen.
✿ Aus dem Teig 12 bis 15 kleine Bällchen formen und diese auf ein gefettetes Backblech legen.
✿ Die Bällchen weitere 30 Minuten gehen lassen.
✿ *Semlor* im vorgeheizten Backofen bei 225 °C 8 bis 10 Minuten backen. Abkühlen lassen.
✿ Für die Marzipanfüllung das Marzipan fein reiben und mit Kakao und etwas Wasser oder Milch verrühren.
✿ Von jedem Bällchen einen Deckel abschneiden, Bällchen etwas aushöhlen, sodass sich eine kleine Höhlung bildet. In jedes Loch einen großzügigen Klecks Schokoladenmasse geben.
✿ Die Sahne steif schlagen und Kakao und Zucker unterrühren.
✿ Einen Klecks Schokoladensahne auf jede *Semla* geben und den Teigdeckel darauf setzen.
✿ Teigdeckel mit Kakao bestäuben.

# Kardamom-Hefeteilchen mit Vanillecreme
## Kardemummabullar med vaniljkräm

Wenn Sie Kardamom-Hefeteilchen backen, ist das Haus erfüllt von einem herrlichen, würzigen Duft. Mit ihrem Kern aus weicher Vanillecreme schmecken diese Hefeteilchen himmlisch gut.

Für 18 bis 20 kleine Hefeteilchen

*300 ml Vollmilch, Sojadrink oder Haferdrink*
*75 g weißer Zuckerrübensirup (siehe Seite 13),*
*Agavendicksaft oder fein gemahlener Vollrohrzucker*
*50 ml Rapsöl*
*20 g frische Hefe*
*300 g fein gesiebtes Dinkelvollkornmehl*
*180 g fein gemahlenes, gesiebtes Weizenvollkornmehl*
*1 EL Bourbonvanillezucker*
*2 TL frisch gemahlener Kardamom*
*1 ½ TL Backpulver*
*Dinkelvollkornmehl oder Weizenvollkornmehl für das Backbrett*
*Rapsöl für das Backblech*
*400 – 500 g Vanillecreme (siehe Grundrezepte Seite 14 oder 15)*

- Die kalte Milch, den Sojadrink oder Haferdrink mit Sirup, Dicksaft oder Vollrohrzucker, Öl und Hefe verrühren.
- Mehle mit Vanillezucker, Kardamom und Backpulver mischen und unter die Milchmischung rühren.
- Ein paar Minuten kräftig rühren, am besten in der Küchenmaschine.
- Den Teig zugedeckt 8 Stunden im Kühlschrank oder 3 bis 4 Stunden bei Zimmertemperatur gehen lassen.
- Anschließend auf ein bemehltes Backbrett legen, zu einer langen Rolle von 6 bis 7 cm Durchmesser formen und diese in 18 bis 20 Scheiben schneiden, die anschließend flach und rund geformt werden.
- Die Teilchen auf ein gefettetes Backblech legen und 45 Minuten gehen lassen.
- Teilchen im vorgeheizten Backofen bei 225 °C 8 bis 10 Minuten backen. Anschließend abkühlen lassen.

❁ Die Kuchen mit kalter Vanillecreme füllen oder die Creme mit einem Spritzbeutel hineinspritzen, indem Sie zuerst mit dem Kochlöffelstiel oder dem Daumen jeweils ein kleines Loch in jedes Küchlein bohren. Eine kleine Vanillecremespitze sollte aus jedem Teilchen heraussehen.

## Mandelklötze
*Mandelkubbar*

Fast wie Hefegebäck: Mandelklötze sind kleine mürbe Kuchenstücke mit dem charakteristischen Geschmack von Bittermandeln.

Für etwa 20 Stück

*420 g fein gesiebtes Dinkelvollkornmehl*
*2 TL Hirschhornsalz*
*130 g fein gemahlener Vollrohrzucker*
*125 g zimmerwarme Butter*
*1 Ei von einem glücklichen Huhn*
*150 ml Vollmilch*
*5 fein gemahlene Bittermandeln oder 5 Tropfen Bittermandelöl*
*45 g Hagelzucker oder grober Vollrohrzucker zum Bestreuen*
*45 g gehackte Mandeln zum Bestreuen*
*Butter für das Backblech*

❁ Das Mehl mit dem Hirschhornsalz und dem Zucker mischen.
❁ Die Butter in Flöckchen zur Mehlmischung geben und mit einer Gabel oder den Fingern zu einem krümeligen Teig vermischen.
❁ Das Ei mit der Milch verquirlen und mit den Bittermandeln oder dem Öl zu den Krümeln geben. Zu einem glatten Teig verarbeiten.
❁ Den Teig zu einem flachen Laib formen, etwas flachdrücken und in etwa 20 Stücke schneiden.
❁ Den Hagelzucker oder Vollrohrzucker mit den gehackten Mandeln mischen. Die Teigstücke jeweils mit der Oberseite in die Zucker-Mandel-Mischung drücken und auf ein gefettetes Backblech legen.
❁ Die *Kubbar* im vorgeheizten Backofen bei 200 °C etwa 15 Minuten backen.

# Schwesternkuchen
*Systerkaka*

Wenn Sie mehrere Hefeteigschnecken, *Bullar*, nebeneinander in eine Form setzen, erhalten Sie einen schönen *Bullkaka*, den wir *Systerkaka*, Schwesternkuchen oder Butterkuchen nennen.

Ich lasse Hefeteig am liebsten im Kühlschrank gehen, weil dann die Konsistenz und der Geschmack besser werden, vor allem aber, weil dadurch die Phytinsäure des Vollkorngetreidemehls abgebaut wird. Phytinsäure ist ein Bestandteil von Vollkorn, der die Aufnahme von Mineralstoffen aus Lebensmitteln im Körper blockieren kann.

Für einen Kuchen

*300 ml kalte Vollmilch*
*20 g frische Hefe*
*65 g weißer Zuckerrübensirup (siehe Seite 13),*
  *Agavendicksaft oder flüssiger Honig*
*50 ml Rapsöl*
*1 TL zerstoßener Kardamom*
*420 – 430 g fein gemahlenes, gesiebtes Weizenvollkornmehl*
*Weizenvollkornmehl für das Backbrett*
*eventuell 25 – 50 g zimmerwarme Butter*
*200 g Marzipanrohmasse*
*gemahlener Zimt*
*Rapsöl für die Springform (20 – 25 cm Durchmesser)*
*200 – 250 g feste Vanillecreme (siehe Grundrezepte Seite 14 oder 15)*
*1 verquirltes Ei von einem glücklichen Huhn*
*Hagelzucker oder grober Vollrohrzucker zum Bestreuen*

✿ Kalte Milch, Hefe, Sirup, Dicksaft oder Honig, Öl und Kardamom in einer großen Schüssel verrühren.
✿ Mehl hinzufügen und zu einem geschmeidigen Teig verarbeiten, der ruhig etwas klebrig sein darf.
✿ Den Teig mindestens 2 Stunden bei Zimmertemperatur oder über Nacht im Kühlschrank gehen lassen. Schüssel mit Frischhaltefolie bedecken, damit der Teig nicht trocken wird.
✿ Gegangenen Teig aus der Schüssel nehmen und auf einem bemehlten Backbrett zu einer dünnen, etwa 30 cm × 40 cm großen Platte ausrollen.
✿ Eventuell eine dünne Schicht Butter darauf verstreichen, dann das Marzipan fein reiben und auf dem Teig verteilen.
✿ Etwas Zimt darübergeben.
✿ Den Teig aufrollen und die Rolle in 18 bis 20 Scheiben schneiden.
✿ Die Schnecken jeweils mit der Schnittfläche nach unten nebeneinander in eine runde, gefettete Backform setzen und bei Zimmertemperatur etwa 45 Minuten gehen lassen.
✿ In jede Schnecke mittig ein kleines Loch drücken und einen Klecks Vanillecreme hineingeben.
✿ Schnecken mit Ei bestreichen und mit etwas Hagelzucker oder grobem Vollrohrzucker bestreuen.
✿ Den *Bullkaka* im vorgeheizten Backofen bei 200 °C 15 bis 20 Minuten backen.
✿ Den Kuchen aus dem Ofen nehmen und in der Form abkühlen lassen.

# Hefestücke aus Rimbo
*Rimbobullar*

Rimbo ist ein Ortsteil von Norrtälje, einer Gemeinde nördlich von Stockholm. Dort entstanden während des Zweiten Weltkrieges die berühmten *Rimbobullar*. Alle Zutaten sollten kühl sein und die Teigstücke möglichst lange ruhen, zum Beispiel über Nacht im Kühlschrank.

Für etwa 25 Hefestücke

*25 g frische Hefe*
*200 ml kalte Vollmilch*
*200 g zimmerwarme Butter*
*420 g fein gesiebtes Dinkelvollkornmehl*
*1 EL fein gemahlener Vollrohrzucker*
*¼ TL Meersalz*
*Dinkelvollkornmehl für das Backbrett*
*1 verquirltes Ei von einem glücklichen Huhn*

*Füllung und Dekoration*
*75 g zimmerwarme Butter*
*2 EL fein gemahlener Vollrohrzucker*
*1 EL Bourbonvanillezucker*
*etwa 40 g (6 – 7 EL) Puderzucker (gerne aus Roh-Rohrzucker)*
*1 EL Wasser*

- In einer Schüssel die Hefe mit der Milch verrühren.
- Die Butter mit dem Mehl zu einem krümeligen Teig vermischen. Dann die Hefemilch, den Zucker und das Salz dazugeben und zu einem glatten Teig verkneten.
- Den Teig auf einem bemehlten Backbrett zu einer 3 bis 4 mm dünnen, 40 cm × 40 cm großen Platte ausrollen. Die Teigplatte in 25 Quadrate mit Seitenlängen von etwa 8 cm schneiden.
- Für die Füllung die Butter mit Zucker und Vanillezucker verrühren und jeweils einen Klecks davon mittig auf jedes Teigstück geben. Die Ecken jedes Quadrates über die Füllung biegen und in der Mitte zusammendrücken.

✿ Die Stücke in große Papierförmchen setzen, auf ein Backblech legen und auf diesem 2 bis 3 Stunden gehen lassen. Oder die Teigstücke in den Förmchen über Nacht im Kühlschrank ruhen lassen.

✿ Anschließend die Hefestücke mit dem verquirlten Ei bepinseln und im vorgeheizten Backofen bei 250 °C 5 bis 8 Minuten backen.

✿ Für die Dekoration den Puderzucker mit dem Wasser verrühren und die abgekühlten Hefestücke spiralförmig damit verzieren oder den Guss auf den Stückchen verstreichen.

# Süße Leckereien ohne Backen
*Goda läckerheter utan ugn*

## Staubsauger
*Dammsugare*

*Dammsugare* ist eine weitverbreitete Leckerei in Schweden. Es sind mit Kuchenkrümeln gefüllte Rollen, die man auch Bäckermüll oder Punschrollen nennt und die es fast überall zu kaufen gibt. Oft sind sie mit grün gefärbtem Marzipan umhüllt, am Nationalfeiertag können sie aber auch gelb und blau(!) gefärbt sein.

»Staubsauger« heißen diese kleinen Gebäckrollen, weil sie ein wenig wie sehr alte Staubsaugermodelle aussehen.

**Für 20 bis 24 Staubsauger**

*200 g Kuchenkrümel aus Graham- oder Roggenteig,*
  *Kekse oder Kuchen, den Sie übrig haben*
*100 g Walnüsse*
*50 g Bitterschokolade guter Qualität*
*etwa 150 g Aprikosenmarmelade*
*eventuell etwas Wasser*
*eventuell einige Haferflocken*

*Marzipanüberzug*
*300 g Marzipanrohmasse*
*80 g Puderzucker (gerne aus Roh-Rohrzucker)*
*1 EL starker Kaffee (statt der grünen Farbe!)*

*Schokoladenüberzug*
*etwa 100 g Bitterschokolade guter Qualität*

- ❈ Die Kuchenkrümel und die Walnüsse in der Küchenmaschine zu einer bröseligen Masse verrühren.
- ❈ Die Schokolade im Wasserbad schmelzen.
- ❈ Aprikosenmarmelade und geschmolzene Schokolade zu den Kuchenkrümeln geben und zu einem festen Teig verrühren. Ist der Teig zu trocken, noch etwas Marmelade oder etwas Wasser dazugeben. Ist der Teig zu flüssig, mehr Krümel oder ein paar Haferflocken hinzufügen.
- ❈ Den Teig zu langen Rollen formen – so dick wie sehr dicke Finger – und abgedeckt eine Weile im Kühlschrank ruhen lassen.
- ❈ Für den Marzipanüberzug das Marzipan, den Puderzucker und Kaffee zu einer bröseligen Masse reiben und dann zu einem geschmeidigen Teig verkneten.
- ❈ Den Marzipanteig zu einer dünnen Platte ausrollen und in etwa 5 cm breite Streifen schneiden.
- ❈ Die kalten Teigrollen aus dem Kühlschrank nehmen und in 5 cm lange Stücke schneiden, die anschließend in die Mandelmasse eingerollt werden.
- ❈ Die Schokolade zum Eintauchen der Staubsauger im Wasserbad schmelzen.
- ❈ Beide Enden jedes Staubsaugers in die geschmolzene Schokolade tauchen und auf Butterbrotpapier fest werden lassen.

# Schokoladenbällchen
## Chokladbollar

Schokoladenbällchen sind eine traditionsreiche Leckerei mit Haferflocken. Kinder lieben diese Bällchen und bereiten sie sehr gerne auch selbst zu.

Für 20 bis 30 Schokoladenbällchen

*150 g feste Vanillecreme (siehe Grundrezepte Seite 14 oder 15)*
*50 g weiche Butter*
*130 g fein gemahlener Vollrohrzucker*
*200 – 240 g Haferflocken*
*20 – 40 g (3 – 4 EL) Kakaopulver*
*50 ml kalter Kaffee*
*Kokosflocken zum Wälzen*

✿ Alle Zutaten bis auf die Kokosflocken zu einer festen Masse verarbeiten. Kleine Bällchen daraus formen und in Kokosflocken wenden.

**Variante: Erdnussbällchen** – *Jordnötsbollar*
Eine Variante der *Bollar* mit gesundem Erdnussmus! Verwenden Sie Erdnussmus, das ausschließlich aus Erdnüssen und eventuell etwas Meersalz hergestellt ist und keine künstlichen Fette oder Zusätze enthält.

Für etwa 15 Erdnussbällchen

*50 g Bitterschokolade oder Milchschokolade guter Qualität*
*100 g Erdnussmus*
*100 g Haferflocken*
*90 g fein gemahlener Vollrohrzucker*
*2 – 3 EL flüssiger Honig, 75 ml Vollmilch oder kalter Kaffee*
*Kokosflocken oder Hagelzucker zum Wälzen*

✿ Schokolade im Wasserbad schmelzen.
✿ Alle Zutaten bis auf die Kokosflocken oder den Hagelzucker zu einer festen Masse verarbeiten. Kleine Bällchen daraus formen und in Kokosflocken oder Hagelzucker wälzen.

# Radiokuchen
*Radiokaka*

Radiokuchen ist ein traditionsreicher Kuchen, den es seit den 1940er- oder 1950er-Jahren in Schweden gibt. Einige Leute behaupten, der Kuchen heiße so, weil seine Vorderseite einem alten Radio gleiche. Andere sagen, dass der Kuchen seinen Namen erhalten hat, weil das Rezept erstmals im Radio vorgestellt wurde.

Das Original wird mit Kokosfett und Butterkeksen aus hellem Weizenmehl hergestellt. Ich mache den Radiokuchen lieber mit einer guten Schokolade und Vollkornkeksen! Statt Vollkornkeksen können Sie auch 200 bis 300 g gehobelte Mandeln abwechselnd mit der Schokoladenmasse schichten.

Für einen Kuchen

*300 g Bitterschokolade guter Qualität mit hohem Kakaogehalt*
*100 ml Schlagsahne*
*40 g Butter*
*100 g Vollkornbutterkekse*

- ✿ Die Schokolade in Stückchen brechen. Die Sahne vorsichtig erwärmen und die Schokoladenstückchen darin schmelzen lassen.
- ✿ Die Butter unterrühren und ebenfalls zum Schmelzen bringen. Etwas abkühlen lassen.
- ✿ Eine kleine Kastenbackform mit Frischhaltefolie auskleiden.
- ✿ Eine dünne Schicht der Schokoladenmasse hineingeben und einige Kekse darauf verteilen.
- ✿ Weiter abwechselnd Schokoladenmasse und Kekse in die Form schichten. Mit einer Schicht Schokolade abschließen.
- ✿ Die Form über Nacht in den Kühlschrank stellen.
- ✿ Dann den Kuchen in Scheiben schneiden, solange er kalt ist.

# Pfannkuchen
*Pannkakor*

Pfannkuchen sind in Schweden eine traditionsreiche Speise, erste Hinweise stammen etwa aus dem Jahre 1500. Auch heutzutage sind Pfannkuchen noch ein beliebtes Dessert nach der traditionellen Erbsensuppe am Donnerstag.

Unsere Liebe zu Pfannkuchen zeigt sich auch in vielen Sprichwörtern mit Pfannkuchenbezug: *»Marsch pannkaka!«* (»Marsch Pfannkuchen!«, das bedeutet: »Beeilen Sie sich bitte!«, »Beeil Dich bitte!« – vor allem an Kinder gerichtet) oder *»Upp som en sol, ned som en pannkaka«* und *»Allt blev till pannkaka«* (»Herauf wie eine Sonne und herunter wie ein Pfannkuchen« und »Alles wurde zu Pfannkuchen«, beides beutet: »Alles begann so gut, endete aber in einer Katastrophe«).

Zu Pfannkuchen essen wir verschiedene Beerenkompotte aus Heidelbeeren, Himbeeren oder Preiselbeeren. Oder *Drottningsylt,* Königinnenkompott, eine Mischung aus Himbeeren und Heidelbeeren. Manchmal auch mit Schlagsahne! Üblicherweise machen wir Pfannkuchentorte: Hierfür schichten wir viele Pfannkuchen mit Schlagsahne, Beeren und Kompott zwischen den einzelnen Lagen aufeinander.

**Für etwa 8 Pfannkuchen**

*150 g fein gemahlenes, gesiebtes Weizenvollkornmehl oder Dinkelvollkornmehl*
*1 TL Meersalz*
*1 EL Bourbonvanillezucker*
*600 ml Vollmilch*
*3 Eier von glücklichen Hühnern*
*50 g Butter zum Braten*

❋ Mehl mit Salz und Vanillezucker mischen. Die Hälfte der Milch unterrühren und geschmeidig verquirlen. Den Rest der Milch und dann die Eier unterrühren. Die Pfannkuchenmasse 20 bis 30 Minuten ruhen lassen.
❋ Etwas Butter in eine heiße Bratpfanne geben.

✿ Knapp 100 ml Pfannkuchenmasse in die Pfanne gießen.
✿ Die Bratpfanne etwas schräg halten, sodass sich die Masse gleichmäßig in der Pfanne verteilt.
✿ Pfannkuchen backen, bis er etwas fest wird und eine matte Oberfläche bekommt. Dann den Pfannkuchen wenden, um die andere Seite zu braten. Wenn Sie möchten und es wagen, können Sie den Pfannkuchen wenden, indem Sie ihn aus der Pfanne hoch in die Luft werfen und wieder mit der Pfanne auffangen.
✿ Weitere Pfannkuchen backen, bis die Masse aufgebraucht ist. Fertige Pfannkuchen in einer feuerfesten Form im vorgeheizten Backofen bei 100 °C warm halten, während die weiteren Pfannkuchen gebacken werden.
✿ Pfannkuchenmasse dann und wann umrühren, damit sich das Mehl nicht absetzt.
✿ Pfannkuchen mit Beerenkompott und Schlagsahne einzeln oder als Pfannkuchentorte servieren.

# Budapestrolle
*Budapestrulle*

Bis auf den Biskuitteig ohne Backen: Diese Biskuitrolle gehört zum Standardangebot vieler Konditoreien und ist sehr beliebt. Deshalb darf sie in diesem Buch nicht fehlen.

Warum Budapest? Niemand kann es sicher sagen. Vielleicht wurde diese Torte das erste Mal in Ungarn gebacken? In schwedischen Konditoreien gibt es diese Rolle fast immer mit einer Füllung aus Schlagsahne und konservierten Mandarinen aus der Dose. Doch konservierte Mandarinen machen keinen Obstliebhaber glücklich, deshalb nehmen wir lieber frisches Obst!

Für eine Biskuitrolle

*5 Eiweiß von glücklichen Hühnern*
*270 g sehr fein gemahlener Vollrohzucker*
*200 g fein gehackte oder fein gemahlene Haselnüsse*
*60 g fein gemahlenes, gesiebtes Weizenvollkornmehl*
*1 – 2 EL Kakaopulver*
*weiche Butter und Vollrohzucker für das Backpapier*

*Füllung und Dekoration*
*400 ml Schlagsahne*
*300 g frische, klein geschnittene Mandarinenstücke*
  *oder Orangenstücke*
*50 – 100 g Bitterschokolade guter Qualität*

- ❁ Die Eiweiße zu festem Schnee schlagen, dann den Zucker unterschlagen, sodass eine feste Eischneemasse entsteht.
- ❁ Nüsse, Mehl und Kakaopulver mischen und vorsichtig in die Eischneemasse rühren.
- ❁ Die Masse gleichmäßig auf einem gefetteten Backpapier, das auf einem Backblech liegt, verstreichen und im vorgeheizten Backofen bei 175 °C etwa 15 Minuten backen.

✿ Die Kuchenplatte vorsichtig mit der Oberseite nach unten auf Backpapier, mit Zucker bestreut, stürzen. Zum Ablösen des mitgebackenen Backpapiers kurz ein feuchtes Küchentuch darauf legen und das weiche Papier abziehen. Anschließend die Platte inklusive des gezuckerten Papiers von der längeren Seite her aufrollen und abkühlen lassen.
✿ Die Schlagsahne schaumig rühren und mit den klein gehackten Obststücken mischen. Diese Obstsahne vorsichtig auf dem wieder entrollten Kuchen verstreichen und das Ganze dann sehr vorsichtig ohne das Backpapier erneut aufrollen.
✿ Die Bitterschokolade im Wasserbad schmelzen und die Rolle damit dekorieren.

# Kekse
*Småkakor*

## Knusprige Mürbeteigtaler
*Mördegskakor*

Kleingebäck wie diese knusprigen Mürbeteigtaler gibt es auf jeder schwedischen Kaffeetafel oder im Café. In der schwedischen Kaffeekultur war es früher so, dass man zuerst Gebäck aß, das man in den Kaffee stippte, also Hefeteilchen oder *Wienerbröd,* dann weichen Rührkuchen und Kleingebäck und zum Schluss die Torte.

**Für 18 bis 20 Taler**

*150 g Butter*
*2 EL Rapsöl*
*40 g (3 – 4 EL) fein gemahlener Vollrohrzucker*
*1 EL Bourbonvanillezucker*
*1 Ei von einem glücklichen Huhn*
*150 – 160 g Grahammehl*
   *(Weizenvollkornmehl oder Roggenvollkornmehl)*
*gut 100 g fein gesiebtes Dinkelvollkornmehl*
*eventuell Butter oder Rapsöl für das Backblech*

- ❀ Butter, Öl, Zucker und Vanillezucker mit einer Gabel oder dem Rührgerät verrühren. Das Ei unterrühren.
- ❀ Die Mehle dazugeben und alles zu einem festen Teig verarbeiten, der zugedeckt mindestens 30 Minuten im Kühlschrank ruhen muss.
- ❀ Danach den Teig in zwei gleich große Stücke teilen und zu zwei dicken Rollen formen. Teigrollen mit einem scharfen Messer in Scheiben schneiden. Die Teigscheibchen auf ein gefettetes oder mit Backpapier belegtes Backblech legen.
- ❀ Kekse im vorgeheizten Backofen bei 200 °C 15 bis 20 Minuten backen.

# Träume
*Drömmar*

*Drömmar* sind ein sehr verbreitetes und beliebtes Gebäck in Schweden, das gar nicht so leicht gelingt. Gerade in diesem Fall sollten Sie stets ein Probeexemplar backen! Das Gebäck sollte in der Form etwas spitz zulaufen – gerät der Probetraum zu flach, können Sie versuchen, etwas mehr Mehl in den restlichen Teig zu mischen. *Drömmar* gelingen besser, wenn der Teig kalt ist.

**Für 35 große oder 70 kleine Träume**

*125 g Butter*
*125 ml Rapsöl*
*350 g fein gemahlener Vollrohrzucker*
*2 EL Bourbonvanillezucker*
*etwa 270 g fein gesiebtes Dinkelvollkornmehl*
*60 g Haferkleie*
*2 TL Hirschhornsalz*
*50 ml Wasser*
*Butter oder Rapsöl für das Backblech*

- Butter, Öl, Zucker und Vanillezucker zu einer weißen, luftigen Masse verrühren.
- Mehl, Haferkleie und Hirschhornsalz mischen und unter die Buttermasse rühren.
- Zuletzt das Wasser unter den festen Teig rühren.
- Teig in zwei gleich große Stücke teilen, diese zu dicken Rollen formen, die in Frischhaltefolie gewickelt mindestens 30 Minuten im Kühlschrank ruhen sollten.
- Die erste Teigrolle in 1 cm dicke Scheiben schneiden und diese auf ein gefettetes Backblech legen.
- Träume im vorgeheizten Backofen bei 125 °C 20 bis 25 Minuten backen.
- Mit der zweiten Teigrolle genauso verfahren.

# Träume aus geröstetem Hafermehl
*Drömmar av skrädmjöl*

*Skrädmjöl* ist geröstetes, steinvermahlenes Vollkornmehl aus Hafer. Reich an Eiweiß und gesunden Fettsäuren. Der Hafer wird in Värmland, in der westlichen Mitte Schwedens, angebaut, gemahlen und im Holzofen geröstet. Die bekannte Schriftstellerin Selma Lagerlöf war in der Müllerei tätig und besaß Mühlen, die *Skrädmjöl* hergestellt haben. Sie versuchte sogar, das Mehl in die USA zu exportieren, der Transportweg war damals aber zu lang. *Skrädmjöl* ist in Schweden zum Beispiel bei der Ladenkette ICA erhältlich. Als Ersatz können Sie die entsprechende Menge Haferflocken nehmen, sie im Ofen rösten und anschließend mahlen oder in der Küchenmaschine fein zerkleinern.

### Für etwa 30 Träume

*180 g* Skrädmjöl *oder Haferflocken*
*150 g Butter*
*180 g fein gemahlener Vollrohrzucker*
*100 g fein gesiebtes Dinkelvollkornmehl*
*2 TL Hirschhornsalz*
*2 EL Bourbonvanillezucker*
*Butter für das Backblech*

- Wenn Sie Haferflocken statt *Skrädmjöl* verwenden, rösten Sie diese im Ofen oder in einer Pfanne, bis sie duften, und zerkleinern Sie sie in der Küchenmaschine.
- Anschließend alle Zutaten bis auf die Butter für das Backblech von Hand oder in der Küchenmaschine mischen. Teig zu mehreren dicken Rollen formen, in Frischhaltefolie wickeln und mindestens 1 Stunde im Kühlschrank ruhen lassen. Anschließend golfballgroße Bällchen aus dem Teig formen und diese auf ein gefettetes Backblech legen.
- Träume im vorgeheizten Backofen bei 150 °C etwa 30 Minuten backen.
- Backen Sie ein Bällchen zur Probe: Wenn es zerfließt oder flach wird, versuchen Sie, etwas zusätzliches Mehl zum restlichen Teig zu geben. Ein Traum sollte etwas spitz zulaufen und schön mürbe sein.

# Finnische Stückchen
*Finska pinnar*

*Finska pinnar* sind eine der vielen beliebten Gebäcksorten aus Mürbeteig auf der schwedischen Kaffeetafel. Trotz des Namens sind sie vermutlich schwedischen Ursprungs.

Im folgenden Rezept backe ich sie mit Roggenmehl statt mit dem üblichen fein gesiebten Weizenmehl. Roggenmehl passt besonders gut zu diesem Gebäck, das Finnland im Namen trägt – denn in Finnland liebt man dieses Getreide.

**Für 40 bis 50 Stückchen**

*50 g gemahlene Mandeln*
*5 fein geriebene Bittermandeln*
*270 g fein gemahlenes Roggenvollkornmehl*
*90 g fein gemahlener Vollrohrzucker*
*200 g Butter*
*Butter für das Backblech*
*1 leicht verquirltes Eiweiß von einem glücklichen Huhn*
*etwa 30 g (3 – 4 EL) fein gehackte Mandeln zum Bestreuen*
*30 g (3 – 4 EL) Hagelzucker*
   *oder grober Vollrohrzucker zum Bestreuen*

✿ Mandeln, Bittermandeln, Roggenmehl, Zucker und Butter zu einem geschmeidigen Teig verarbeiten.
✿ Den Teig etwa 1 Stunde zugedeckt im Kühlschrank ruhen lassen.
✿ Den Teig zu zwei Laiben ausrollen, die jeweils 3 bis 4 cm breit sein sollten, und diese auf ein gefettetes Backblech legen.
✿ Die Laibe etwas flachdrücken, mit verquirltem Eiweiß bestreichen und mit Mandeln und Hagelzucker oder grobem Vollrohrzucker bestreuen.
✿ Die flachen Laibe auf dem Blech in 4 bis 6 cm große Quadrate (oder passende andere Formen) schneiden.
✿ Die Stückchen im vorgeheizten Backofen bei 175 °C 15 bis 20 Minuten backen.

# Lavendelbiscotti
*Lavendelskorpor*

Lavendel verleiht allem Gebackenen eine Spur von Sommer, Wiesen und langen, hellen Nächten.

Lavendel ist zwar keine typisch schwedische Pflanze und hat es schwer im Winter, aber *Skorpor* ist ein typisch schwedisches Gebäck. Schon König Karl XII. hatte getrocknetes Brot für seine Soldaten dabei, die dadurch unbesiegbar wurden!

Für 12 bis 13 große (10 bis 12 cm lang) Biscotti
oder 23 bis 25 kleine Biscotti

*120 g Mandeln*
*100 g Bitterschokolade guter Qualität*
*2 Eier von glücklichen Hühnern*
*180 g Lavendelzucker*
  *(180 g fein gemahlener Vollrohrzucker,*
  *gemischt mit 1 – 2 TL Lavendelblüten)*
*½ – 1 TL Meersalz*
*150 g fein gemahlenes, gesiebtes Weizenvollkornmehl*
*150 g fein gesiebtes Hartweizenmehl*
*1 TL Backpulver*
*Butter oder Rapsöl für das Backblech*
*1 verquirltes Eiweiß von einem glücklichen Huhn*
*eventuell etwas* Strösocker *(siehe Seite 13)*
  *oder grober Vollrohrzucker zum Bestreuen*

- ❁ Ein Drittel der Mandeln fein mahlen, die übrigen Mandeln grob hacken.
- ❁ Die Schokolade grob hacken.
- ❁ Mandeln, Eier, Zucker und Salz mischen.
- ❁ Mehl mit dem Backpulver und der gehackten Schokolade mischen und unter die Eiermasse rühren.
- ❁ Den Teig zu ein bis zwei kleinen, 3 bis 4 cm breiten Laiben formen und diese auf ein gefettetes Backblech legen. Die Laibe mit den Händen etwas flachdrücken, sodass sie etwa 0,5 cm dick sind.

✿ Jeden Laib mit etwas Eiweiß bestreichen und eventuell mit etwas *Strösocker* oder Vollrohrzucker bestreuen.
✿ *Skorpor* im vorgeheizten Backofen bei 175 °C 15 bis 20 Minuten backen.
✿ Die Laibe in zwiebackdicke Scheiben schneiden und diese auf dem Backblech liegend im Backofen bei 100 °C nochmals 30 bis 40 Minuten trocknen.

# Schachfelder
*Schackrutor*

*Schackrutor* sind ein verbreitetes Kleingebäck in Schweden und ziemlich einfach zu backen. Ich backe die Schachfelder aus einem Mürbeteig aus Roggenmehl. Üblicherweise verwenden die meisten Bäckerinnen und Bäcker in Schweden gesiebtes helles Weizenmehl zum Kuchenbacken. Roggenmehl verleiht dem Gebäck jedoch einen ausgezeichneten Geschmack.

**Für 40 bis 50 Schachfelder**

*270 – 300 g fein gemahlenes Roggenvollkornmehl*
*200 g kalte Butter*
*90 g fein gemahlener Vollrohrzucker*
*1 EL Bourbonvanillezucker*
*3 EL Kakaopulver*
*eventuell Butter für das Backblech*

✿ Mehl, Butter in Flöckchen und Zucker rasch zu einem geschmeidigen Teig verrühren und verkneten.
✿ Den Teig in zwei gleich große Teile teilen, unter den einen Teil den Vanillezucker, unter den anderen Teil den Kakao kneten.
✿ Den hellen Teig zu zwei gleich langen, etwa 4 cm dicken Rollen formen. Den dunklen Teig ebenfalls zu zwei gleich langen, etwa 4 cm dicken Rollen formen.
✿ Eine helle Rolle dicht neben eine dunkle Rolle legen.
✿ Dann die zweite dunkle auf die helle Rolle und die zweite helle Rolle – dicht daneben – auf die untere dunkle Rolle legen. Das Ganze seitlich und von oben etwas drücken, sodass die viersträngige Rolle eckig wird, und in Frischhaltefolie gewickelt für eine Weile in den Kühlschrank legen.
✿ Rolle aus dem Kühlschrank nehmen und in 3 bis 4 mm dicke Scheiben schneiden, die nun kleinen Schachfeldern ähneln.
✿ Die Stückchen auf ein gefettetes oder mit Backpapier belegtes Backblech legen und im vorgeheizten Backofen bei 200 °C etwa 10 Minuten backen.

# Meine Haferkekse mit getrockneten Aprikosen, Heidelbeeren und Paranüssen

*Mina havrekakor med torkade aprikoser, blåbär och paranötter*

Haferkekse sind sehr beliebte kleine Gebäckstücke, in denen Sie viele gute Sachen verstecken können: Nüsse, Saaten und getrocknete Früchte!

Für etwa 20 große Kekse

*150 g Butter*
*100 g getrocknete Aprikosen*
*250 g Haferflocken*
*120 g fein gesiebtes Dinkelvollkornmehl*
*200 g fein gemahlener Vollrohrzucker*
*2 TL Natron*
*1 Ei von einem glücklichen Huhn*
*70 g getrocknete Heidelbeeren*
*etwa 50 ml Wasser*
*Butter für das Backblech*
*etwa 30 ganze Paranüsse*

- Butter in einem Topf bei schwacher Hitze schmelzen.
- Die getrockneten Aprikosen in kleine Stückchen schneiden.
- Haferflocken, Dinkelmehl, Zucker, Natron, Ei, getrocknete Aprikosen und Heidelbeeren mischen.
- Die Buttermischung darübergießen und alles zu einer festen Masse verarbeiten. Ist die Masse zu trocken, etwas Wasser hinzufügen.
- Aus dem Teig 20 kleine Bällchen formen, diese etwas flachdrücken und auf ein gefettetes Backblech legen.
- In jedes Küchlein eine Paranuss drücken.
- Die Kekse im vorgeheizten Backofen bei 175 °C etwa 20 Minuten backen.

# Flickorna Lundgrens Vanilleherzen
*Vaniljhjärtan*

Backen Sie die berühmten Vanilleherzen der Schwestern Lundgren nach dem Originalrezept! Für dieses zarte Mübeteiggebäck mit Vanillecreme ist das Café *Flickorna Lundgren* in ganz Schweden bekannt.

Für 12 bis 15 Vanilleherzen

*200 g kalte Butter*
*70 g Roh-Rohrzucker*
*1 Eigelb von einem glücklichen Huhn*
*300 g Weizenmehl Type 1050*
*Puderzucker zum Bestäuben (gerne aus Roh-Rohrzucker)*

**Vanillecreme**
*300 ml Schlagsahne*
*2 Eigelb von glücklichen Hühnern*
*3 TL Roh-Rohrzucker*
*1 EL Kartoffelmehl*
*1 EL Bourbonvanillezucker*

- ✿ Butter, Zucker, Eigelb und Mehl rasch zu einem glatten Teig verkneten. Teig in Frischhaltefolie wickeln und im Kühlschrank ruhen lassen. Währenddessen die Vanillecreme zubereiten.
- ✿ Alle Zutaten für die Vanillecreme in einem Topf mit dickem Boden verrühren und die Creme heiß werden lassen, dabei ständig rühren – die Creme darf nicht kochen. Sobald die Creme dick ist, vom Herd nehmen und abkühlen lassen.
- ✿ Den Mürbeteig 2 bis 3 mm dünn ausrollen. 12 bis 15 kleine herzförmige Backförmchen aus Metall jeweils mit einem Teil des Mürbeteigs auskleiden. Jeweils einen Klecks Vanillecreme in jede Form geben und mit einem Deckel aus dem restlichen Mürbeteig abdecken. Die Teigdeckel an den Kanten etwas festdrücken.
- ✿ Die Vanilleherzen im vorgeheizten Backofen bei 200 °C 12 bis 15 Minuten backen. Die Herzen aus den Förmchen nehmen, wenn sie noch warm sind, und mit Puderzucker bestäuben.

## Flickorna Lundgren

In der Nähe des kleinen Fischerdorfs Skäret an der Westküste Schonens in Südschweden findet man ein Café, das eine beladene Seele zur Ruhe kommen lässt. *Flickorna Lundgrens Café* oder *Flickorna på Skäret,* wie es auch heißt, ist seit den 1930er-Jahren ein kleines Familienunternehmen – seit die Schwestern Lundgren anfingen, Kaffee und Kuchen zu servieren. Heute werden die himmlisch guten Kuchen in der dritten Generation gebacken – in einer Umgebung, die mit ihren Kaffeekesseln und warmen Decken so warmherzig und traditionsverbunden ist, dass man zu Tränen gerührt ist.

Genießen Sie die Kuchen in der Kate aus dem 17. Jahrhundert, im Garten oder im märchenhaften Gewächshaus. Bereits der alte König Gustav VI. Adolf war ein treuer Gast. Er fuhr gern mit einer Gebäcktüte nach Hause, in der die berühmten Vanilleherzen der Schwestern Lundgren steckten!

# Linneas Haferkekse
*Linneas havrekakor*

Meine Freundin Linnea ist so süß wie die Blume *Linnaea borealis,* das Moosglöckchen, die Blume Smålands. Sie schreibt Science-Fiction-Bücher, kümmert sich liebevoll um ihre selbst angebauten Kürbisse und backt Kleingebäck. Dies ist ihr persönliches Haferkeksrezept. Linneas Kekse sind nicht sehr süß, aber wunderbar hafrig.

Hafer ist ein Getreide, das wir im dunklen Norden häufig verwenden. Ein dankbares Getreide, das Kühle verträgt und kleinen Menschenherzen hilft, sich gesund zu erhalten!

Für etwa 20 Kekse

*100 g weiche, zimmerwarme Butter*
*2 EL flüssiger Honig*
*60 g gemahlene Mandeln*
*1 TL Bourbonvanillezucker*
*1 TL Backpulver*
*100 g Haferflocken*
*60 g fein gesiebtes Dinkelvollkornmehl*
*eventuell Butter für das Backblech*

❁ Butter und Honig zu einer hellen Creme verrühren.
❁ Mandeln, Vanillezucker, Backpulver und Haferflocken mischen und unter die Buttermasse rühren, sodass ein klebriger Teig entsteht.
❁ Dann so viel Mehl unterrühren, dass der Teig ziemlich fest, aber noch etwas klebrig ist.
❁ Aus dem Teig etwa 20 Bällchen formen. Sollten die Bällchen zu klebrig sein, noch etwas Mehl in den Teig einarbeiten. Die Kuchenbällchen vor dem Backen mit einem Löffel etwas platt drücken.
❁ Die Bällchen auf ein gefettetes oder mit Backpapier belegtes Backblech legen und im vorgeheizten Backofen bei 175 °C 10 bis 12 Minuten backen.

# Jitterbugs
*Jitterbuggare*

Die herrlichen Schwünge dieses Gebäcks sollen an den Jitterbug, den Tanz der 1940er-Jahre, erinnern. Knuspriger Mürbeteig und eine weiche Schaummasse gehen hier eine wunderbare Verbindung ein!

Für 18 bis 20 Jitterbugs

*100 g Butter*
*150 g fein gemahlenes, gesiebtes Weizenvollkornmehl*
*1 EL kaltes Wasser*
*1 Eiweiß von einem glücklichen Huhn*
*90 g* Strösocker *(siehe Seite 13)*
*oder grober Vollrohrzucker*
*1 EL Kakaopulver*
*eventuell Butter für das Backblech*

✿ Die Butter in kleine Stückchen schneiden und mit Mehl und Wasser rasch zu einem glatten Teig verkneten. Den Teig in Frischhaltefolie wickeln und 1 Stunde im Kühlschrank ruhen lassen.
✿ Anschließend den Teig zu einer 20 cm × 25 cm großen Platte ausrollen.
✿ Das Eiweiß mit dem *Strösocker* oder Vollrohrzucker zu einer festen Schaummasse schlagen.
✿ Kakao unter diesen Schaum heben.
✿ Die Kakaomasse auf dem Teig verstreichen und die Teigplatte vorsichtig zusammenrollen.
✿ Die Rolle mit einem scharfen Messer in 18 bis 20 Scheiben schneiden.
✿ Die Teigscheiben auf ein gefettetes oder mit Backpapier belegtes Backblech legen und im vorgeheizten Backofen bei 175 °C etwa 20 Minuten backen.

# Fredriksdals Kokosmakronen
*Fredriksdals kokostoppar*

Kokosmakronen sind ein sehr beliebtes Gebäck in Schweden – auch im Gartencafé *Fredriksdals Trädgårdar* in Helsingborg können Sie sich vom Duft und zarten Geschmack der frisch gebackenen Makronen verwöhnen lassen. Hier das Rezept von *Fredriksdals Trädgårdar*.

**Für etwa 25 Kokosmakronen**

*50 g Butter*
*2 Eier von glücklichen Hühnern*
*120 g Roh-Rohrzucker*
*200 g Kokosraspel*

- Die Butter zerlassen und etwas abkühlen lassen.
- Eier und Zucker schaumig schlagen.
- Die Kokosraspel und anschließend die zerlassene Butter zur Eiermasse geben.
- Die Masse 15 Minuten quellen lassen.
- Die Kokosmasse mit einem Spritzbeutel in feinen Spitzen auf ein mit Backpapier belegtes Backblech spritzen.
- Kokosspitzen im vorgeheizten Backofen bei 200 °C etwa 10 Minuten backen, bis sie eine goldbraune Farbe haben.

## Fredriksdals museer och trädgårdar

Mitten in Helsingborg! Mitten in dieser Stadt befindet sich ein großes historisches Viertel mit Garten, Ausflug in die Geschichte und kulturellem Abenteuer. Andächtig kann man durch alte Kopfsteinpflasterstraßen und schmale Gassen mit historischen Häusern und Handwerkerbuden streifen. Es gibt ein Museum und Freilichttheater, bunte Natur und Parks, und im Küchengarten arbeitet man wie vor 150 Jahren. Sind die Sinne überwältigt, können Sie im prächtigen Garten einer Rose in die Seele blicken.

    Und dann wird es Zeit für die liebevoll gebackenen Kuchen im Gartencafé *Fredriksdals Trädgårdar*, einem umgebauten Pferdestall!

# Sarah Bernhardt
*Sarah Bernhardt*

Sehr beliebt und luxuriös! Diese Schokoladenbiskuits sind nach der französischen Schauspielerin Sarah Bernhardt (1844 – 1923) benannt. Die Biskuits bestehen aus Mandelschaummasse, bedeckt mit Schokoladencreme oder Buttercreme. Stellt man diese Leckereien mit Schokoladentrüffelcreme her, heißen sie »Sarah Bernhardt«, macht man sie mit Buttercreme, nennt man sie Schokoladenbiskuits.

Diese Köstlichkeit ist zwar etwas umständlich herzustellen – aber der Mühe wert!

Für 12 große oder 24 kleine Biskuits

*200 g gemahlene Mandeln*
*180 g Puderzucker (gerne aus Roh-Rohrzucker)*
*2 kleine Eiweiß von glücklichen Hühnern*
*eventuell Butter oder Rapsöl für das Backblech*

*Trüffelmasse*
*100 ml Schlagsahne*
*2 EL flüssiger Honig*
*20 g Butter*
*200 g Bitterschokolade oder Milchschokolade guter Qualität*

*Schokoladenhaube*
*200 g Bitterschokolade oder Milchschokolade guter Qualität*

- ✿ Mandeln, Puderzucker und Eiweiß zu einer halbfesten Masse verrühren. Die Masse mit einem Löffel in 12 großen oder 24 kleinen Portionen auf ein gefettetes oder mit Backpapier belegtes Backblech geben, jeweils mit einem Löffel oder der Hand etwas flachdrücken und im vorgeheizten Backofen bei 200 °C, je nach Größe der Stücke, 12 bis 15 Minuten backen.
- ✿ Die Biskuits auf dem Backblech abkühlen lassen.
- ✿ Für die Trüffelmasse Sahne, Honig und Butter vorsichtig in einem Topf erwärmen und die Schokolade darin schmelzen.

✿ Die Trüffelmasse in den Kühlschrank stellen, damit sie etwas fester und streichfähig wird, und dann auf die Mandelböden streichen.
✿ Die Küchlein ins Gefrierfach stellen und fest werden lassen.
✿ Die Schokolade für die Schokoladenhaube im Wasserbad schmelzen und die kalten Küchlein damit bestreichen. Oder die Küchlein kopfüber in die geschmolzene Schokolade tauchen.
✿ Die Küchlein kühl aufbewahren.

# Weihnachtslebkuchen
*Julpepparkakor*

Lebkuchen oder Pfefferkuchen backt man schon seit Jahrhunderten. Im Mittelalter enthielten sie Pfeffer, der aber später meistens aus den Rezepten verschwand.

Pfefferkuchen werden in Schweden den ganzen Dezember über gegessen. Zu *Glögg* oder Kaffee. Oder mit Gorgonzola und Feigenkonfitüre. Der Legende nach wird man freundlich vom Pfefferkuchenessen!

Für 100 bis 150 Lebkuchen

*250 g Butter*
*200 g fein gemahlener Vollrohrzucker*
*250 g dunkler Zuckerrübensirup (siehe Seite 13)*
*200 ml Wasser oder Schlagsahne*
*1 EL gemahlener Zimt*
*1 EL gemahlener Kardamom*
*1 EL gemahlene Gewürznelken*
*1 EL abgeriebene Orangenschale*
*2 TL gemahlener Ingwer*
*720 – 780 g fein gemahlenes, gesiebtes Weizenvollkornmehl*
  *oder Dinkelvollkornmehl*
*1 EL Natron*
*Butter für das Backblech*

- ✿ Butter, Zucker, Sirup und Wasser oder Schlagsahne in einem Topf erwärmen und mischen.
- ✿ Alle Gewürze dazugeben und verrühren.
- ✿ Mehl und Natron mischen und in die geschmolzene Butter-Zucker-Masse rühren. Den Teig besser zu locker als zu fest werden lassen. Deshalb das Mehl am besten nach und nach dazugeben und etwas Mehl übrig lassen, wenn der Teig zu fest wird.
- ✿ Den Teig in Frischhaltefolie wickeln und mindestens 8 Stunden kalt stellen.

- Den Teig portionsweise auf einer bemehlten Fläche zu einer dünnen Platte ausrollen (den übrigen Teig jeweils im Kühlschrank lassen) und Pfefferkuchen ausstechen: Herzen, Engel, Weiblein und Männlein.
- Pfefferkuchen auf einem gefetteten Backblech im vorgeheizten Backofen bei 200 °C 6 bis 7 Minuten backen.
- Achtung! Nie ungebackene Pfefferkuchen auf ein heißes Blech legen, sonst können sich in den Pfefferkuchen Blasen bilden.

# Mandelkränze
*Kranskakor*

Mandelkränze sind dänische Mandelküchlein, denen man aber auch als Schwede kaum widerstehen kann. Auch in Norwegen sind sie sehr populär. Die Kränze haben eine zähe, verführerische Konsistenz. In Dänemark genießt man sie gerne mit einem Glas Sherry.

**Für etwa 20 Kränze**

*500 g Marzipanrohmasse*
*2 Eiweiß von glücklichen Hühnern*
*eventuell 2 – 3 Tropfen Bittermandelöl*
*Puderzucker für das Backbrett (gerne aus Roh-Rohrzucker)*
*50 – 100 g Bitterschokolade guter Qualität zum Garnieren*

- Das Marzipan fein reiben und mit dem Eiweiß in einem Topf zu einer glatten Creme verrühren. Eventuell Bittermandelöl hinzufügen.
- Den Topf in ein warmes Wasserbad stellen und die Masse unter ständigem Rühren wärmen, bis sie eine Temperatur von etwa 40 °C hat.
- Die Masse abkühlen lassen.
- Etwas Puderzucker auf ein Backbrett sieben und aus der Masse fingerdicke Rollen formen. In passend lange Stücke schneiden und kleine Kränze daraus formen.
- Kränze auf einem mit Backpapier belegten Backblech im vorgeheizten Backofen bei 200 °C 10 bis 14 Minuten oder so lange backen, bis sie leicht Farbe bekommen.
- Die Schokolade im Wasserbad schmelzen und in einem dünnen Strahl über die abgekühlten Kränze ringeln. Schokolade fest werden lassen.

# Zimtherzen
*Kanelhjärtan*

Wer liebt nicht Zimt? Diese wunderbaren, mürben Herzchen schmecken unwiderstehlich gut.

Für 40 bis 50 Herzen

*240 g fein gemahlenes, gesiebtes Weizenvollkornmehl*
*etwa 60 g Kartoffelmehl*
*¼ TL Meersalz*
*200 g kalte Butter*
*etwa 40 g (6 – 7 EL) Puderzucker (gerne aus Roh-Rohrzucker)*
*Weizenvollkornmehl für das Backbrett*
*1 verquirltes Ei von einem glücklichen Huhn*
*grober Vollrohrzucker zum Bestreuen*
*gemahlener Zimt zum Bestreuen*
*Butter für das Backblech*

❀ Weizenmehl, Kartoffelmehl und Salz in einer Schüssel mischen.
❀ Die kalte Butter in kleinen Stückchen mit der Mehlmischung und dem Puderzucker rasch zu einem geschmeidigen Teig verkneten und diesen eine Weile im Kühlschrank ruhen lassen.
❀ Dann den Teig auf einem bemehlten Backbrett zu einer 2 mm dünnen Platte ausrollen und mit einer Ausstechform Herzen ausstechen (6 bis 8 cm Durchmesser).
❀ Die Plätzchen mit dem verquirlten Ei bepinseln und mit einer Mischung aus Vollrohrzucker und Zimt bestreuen.
❀ Dann die Zimtherzen auf einem gefetteten Backblech im vorgeheizten Backofen bei 200 °C 6 bis 7 Minuten backen.

# Muffins und weiche Rührkuchen
*Muffins och mjuka kakor*

## Mein Klebkuchen
*Kladdkaka*

Ein Traum aus Schokolade, und jeder kann ihn backen! In Schweden gibt es Backbücher, die nur Kladdkaka-Rezepte enthalten.
 Mein Rezept ist ein sehr klassisches Klebkuchenrezept.

Für einen Kuchen

*100 g Butter*
*2 Eier von glücklichen Hühnern*
*250 g fein gemahlener Vollrohrzucker*
*90 g fein gemahlenes, gesiebtes Weizenvollkornmehl*
*60 g fein gesiebtes Dinkelvollkornmehl*
*30 g (3 EL) Kakaopulver*
*2 EL Bourbonvanillezucker*
*1 TL Meersalz*
*Butter für die Springform (etwa 21 cm Durchmesser)*
*Weizenvollkornmehl oder Dinkelvollkornmehl für die Springform*

✿ Die Butter zerlassen und etwas abkühlen lassen.
✿ Eier und Zucker leicht verrühren.
✿ Die Butter unter die Eiermasse rühren.
✿ Mehle, Kakao, Vanillezucker und Salz mischen und ebenfalls unterrühren.
✿ Eine kleine Springform, deren Boden sich leicht lösen lässt, einfetten und mit Mehl bestäuben. Den Teig in die Springform füllen.
✿ Klebkuchen im vorgeheizten Backofen bei 200 °C 15 bis 20 Minuten backen – der Kuchen sollte klebrig und innen sehr feucht sein, wenn Sie ihn aus dem Ofen nehmen.
✿ Kuchen abkühlen lassen und erst dann aus der Form nehmen.

# Schwedischer Rührkuchen
## Sockerkaka

Geliebter Rührkuchen – ein weicher und typischer Kuchen zum Kaffee in Schweden! Hier mit Lavendel. Ein Großmutterkuchen, der nach Sommer schmeckt.
    Sie können auch einen Schokoladenrührkuchen backen, dann geben Sie zusätzlich 40 g Kakaopulver zum Teig.

Für einen Kuchen

*2 große oder 3 kleine Eier von glücklichen Hühnern*
*100 g fein gemahlener Vollrohrzucker*
*50 g Butter*
*100 ml Wasser*
*120 g fein gesiebtes Dinkelvollkornmehl*
*90 g fein gemahlenes, gesiebtes Weizenvollkornmehl*
*1 EL Bourbonvanillezucker*
*1 ½ TL Backpulver*
*Butter für die Napfkuchenform (etwa 2 l Inhalt)*
*Vollrohrzucker für die Napfkuchenform*
*2 – 3 EL getrocknete Lavendelblüten*

- ✿ Eier und Zucker schaumig rühren.
- ✿ Die Butter bei geringer Hitze in einem Topf zerlassen, dann das Wasser hinzufügen und alles schnell aufkochen lassen. Anschließend etwas abkühlen lassen. Die warme Mischung in die Eiermasse rühren.
- ✿ Mehle, Vanillezucker und Backpulver gut mischen und unter die Eiermasse rühren.
- ✿ Eine Napfkuchenform einfetten. Die Form mit Zucker ausstreuen, das ergibt eine knusprige Oberfläche! Die Teigmasse in die Form füllen und die getrockneten Lavendelblüten darauf verteilen.
- ✿ Kuchen im vorgeheizten Backofen bei 175 °C 35 bis 40 Minuten backen. Mit einem Holzstäbchen prüfen, ob der Kuchen fertig ist (siehe Seite 12).
- ✿ Rührkuchen abkühlen lassen und erst dann aus der Form nehmen.

# Zitronenmuffins mit Schokolade
## *Citronmuffins med choklad*

Schokolade und Zitrone in einer liebevollen Verbindung! Kleine Muffins, in den meisten Fällen Rührkuchenmuffins oder Rosinenmuffins, sind in Schweden schon seit Langem bekannt. Als neue Zeiten anbrachen, wurden die Muffins amerikanisch groß, blieben aber genauso lecker und beliebt.

Für 12 bis 14 große Muffins

*100 g Butter*
*100 g Bitterschokolade guter Qualität*
*1 unbehandelte Zitrone*
*100 ml Schlagsahne*
*3 Eier von glücklichen Hühnern*
*200 g fein gemahlener Vollrohrzucker*
*100 g Zitronencreme (siehe Grundrezept Seite 16)*
*200 g fein gemahlenes, gesiebtes Weizenvollkornmehl*
*100 g fein gesiebtes Dinkelvollkornmehl*
*2 TL Backpulver*

- ✿ Die Butter zerlassen und abkühlen lassen.
- ✿ Die Schokolade grob hacken und die Schale von der Zitrone abreiben.
- ✿ Die Sahne steif schlagen. Eier und Zucker schaumig rühren.
- ✿ Abgekühlte Butter, Zitronencreme und Schlagsahne vorsichtig unter die Eiermasse heben.
- ✿ Mehl, Backpulver, Zitronenschale und gehackte Schokolade mischen und ebenfalls vorsichtig unterrühren.
- ✿ Den Teig in 12 bis 14 größere Muffinförmchen aus Papier füllen und die Papierförmchen in eine Muffinbackform stellen, damit sie die Form besser behalten. Die Muffinförmchen sollten nicht mehr als zu zwei Dritteln mit Teig gefüllt sein.
- ✿ Muffins im vorgeheizten Backofen bei 225 °C 12 bis 15 Minuten backen. Mit einem Holzstäbchen prüfen, ob sie fertig sind (siehe Seite 12). Lieber zu früh als zu spät aus dem Ofen nehmen!

# Kronenkuchen
*Kronans kaka*

In Zeiten der Not hat man in Schweden früher statt Mehl Kartoffeln zum Backen von Brot und Kuchen verwendet. Diese Art des Backens soll aus Deutschland gekommen sein.

Kronenkuchen hat eine hundertjährige Tradition in Schweden, es ist ein schwerer, herrlich saftiger Kuchen mit Kartoffeln und Mandeln statt Mehl. Er wird gerne mit Vanillesauce oder frischen Beeren gegessen!

**Für einen Kuchen**

*75 g Butter*
*180 g fein gemahlener Vollrohrzucker*
*3 Eier von glücklichen Hühnern*
*250 g gekochte, geschälte, kalte Kartoffeln*
*150 g gemahlene Mandeln*
*2 – 3 gemahlene Bittermandeln*
*Butter für die Springform (etwa 22 cm Durchmesser)*
*Semmelbrösel für die Springform*

- ✿ Butter und Zucker schaumig rühren.
- ✿ Die Eier nacheinander unterrühren.
- ✿ Die gekochten, kalten Kartoffeln zerdrücken oder fein reiben und in die Eiermasse rühren.
- ✿ Die Mandeln unterrühren.
- ✿ Die Masse in eine gefettete und mit Semmelbröseln ausgestreute Springform füllen, bei der sich der Rand leicht lösen lässt.
- ✿ Den Kronenkuchen im vorgeheizten Backofen bei 175 °C 50 bis 60 Minuten backen. Mit einem Holzstäbchen prüfen, ob der Kuchen gar ist (siehe Seite 12).
- ✿ Den Kuchen auskühlen lassen und erst dann aus der Form nehmen.

## Klintas Walnusskuchen mit Zimt
*Valnötskaka med kanel*

Walnusskuchen mit Zimt ist eine begehrte Spezialität bei *Klinta Kryddor & Grönt*, einer ökologischen Gärtnerei mit Gartencafé in Höör. Die Tochter des Hauses hat mir für dieses Buch ihr Rezept für diese Leckerei verraten.

Für einen Kuchen

**Streusel**
*150 g gehackte Walnüsse, 1 TL gemahlener Zimt*
*90 g* Strösocker *(siehe Seite 13)*
  *oder grober Vollrohrzucker*

*100 g zimmerwarme Butter*
*180 g* Strösocker
  *oder grober Vollrohrzucker*
*2 große zimmerwarme Eier von glücklichen Hühnern*
*etwa 350 g* Gräddfil *(siehe Seite 13)*
  *oder griechischer Joghurt (10 % Fett)*
*270 g Weizenmehl Type 1050*
*1 TL Backpulver, 1 TL Natron*
*1 TL Bourbonvanillezucker*
*Butter für die Springform (etwa 25 cm Durchmesser)*
*Semmelbrösel für die Springform*

✿ Die Zutaten für die Streusel in einer kleinen Schüssel mischen.
✿ Butter und *Strösocker* oder Vollrohrzucker schaumig schlagen. Nacheinander die Eier, dann *Gräddfil* oder Joghurt unterrühren. Die Masse luftig schlagen. Mehl, Backpulver, Natron und Vanillezucker mischen und vorsichtig unter die Eiermasse heben.
✿ Die Hälfte des Teigs in eine gefettete, mit Semmelbröseln ausgestreute Springform füllen. Den Teig mit der Hälfte der Streusel bedecken. Den übrigen Teig darauf verteilen und die restlichen Streusel darübergeben.
✿ Den Kuchen im vorgeheizten Backofen auf der mittleren Schiene bei 175 °C etwa 45 Minuten backen.

❋ Backofen ausschalten und den Kuchen noch etwa 15 Minuten im Ofen stehen lassen. Er ist fertig, wenn er sich vom Rand der Springform löst und ein Holzstäbchen, das man in den Kuchen steckt, trocken bleibt (siehe Seite 12).
❋ Kuchen abkühlen lassen und erst dann aus der Form nehmen.

## Klinta Kryddor & Grönt

Bei *Klinta Kryddor & Grönt* in Höör in der südschwedischen Provinz Schonen erschafft die ganze Familie eine Oase des Guten – ökologisch und schön. Der Vater im Himbeerfeld, eine Tochter backt Kuchen, eine andere gestaltet Patchwork. Dort lässt sich in der schattigen Umarmung des Gartens oder unter Kiwibäumen im Gewächshaus selbst gebackener Kuchen genießen. Es gibt eine Baumschule, ökologischen Anbau und gediegenes Handwerk. Und ungeheuer leicht verfällt man Klintas Walnusskuchen!

# Tigermuffins
*Tigermuffins*

Tigerkuchen ist in Schweden einer der am weitesten verbreiteten Kuchen. Ein marmorierter Rührkuchen, der schön aussieht und gut schmeckt.

Ich veredle Kuchen gerne und füge dem Tigerteig für diesen Kuchen gerne auch etwas geriebene Mohrrüben hinzu. Außerdem habe ich mich im folgenden Rezept dafür entschieden, aus dem Teig prächtige Muffins zu backen, statt des traditionellen ganzen Kuchens.

Für 12 große Muffins

*100 g Bitterschokolade oder Milchschokolade guter Qualität*
*100 g Butter*
*150 g fein gemahlener Vollrohrzucker*
*1 EL Bourbonvanillezucker*
*3 Eier von glücklichen Hühnern*
*220 g Joghurt*
*300 g fein gemahlenes, gesiebtes Weizenvollkornmehl*
*2 TL Backpulver*
*etwa 100 g geriebene Mohrrüben*
*¼ TL Meersalz*

✿ Die Schokolade im Wasserbad schmelzen.
✿ Butter, Zucker und Vanillezucker schaumig rühren.
✿ Dann nacheinander die Eier unterrühren.
✿ Den Joghurt in die Eier-Zucker-Masse rühren.
✿ Mehl und Backpulver mischen und unter die Eiermasse rühren.
✿ Jeweils die Hälfte der Masse in jeweils eine Schüssel füllen.
✿ Die geschmolzene, abgekühlte Schokolade zur einen Teighälfte geben und unterrühren. Auch die geriebenen Mohrrüben und etwas Meersalz in die Schokoladenmasse rühren.
✿ Jetzt gibt es eine helle und eine dunkle Masse für die Tigerstreifen!
✿ Den hellen Teig gleichmäßig in 12 großen Muffinförmchen aus Papier verteilen und diese in eine Muffinbackform stellen, damit sie Halt haben.

✿ Die Schokoladenmasse auf der hellen Masse verteilen und mit der Gabel etwas unterheben, sodass sich beide zu Tigerstreifen mischen. Die Muffinförmchen sollten nicht mehr als zu zwei Dritteln mit Teig gefüllt sein.

✿ Tigermuffins im vorgeheizten Backofen bei 225 °C 12 bis 15 Minuten backen. Mit einem Holzstäbchen prüfen, ob sie fertig sind (siehe Seite 12). Die Muffins lieber zu früh als zu spät aus dem Ofen nehmen. Trockene Muffins sind nicht gut, etwas klebrige hingegen mögen die meisten.

# Mein Nusskuchen
## Min nötkaka

Haselnüsse sind herrlich schmackhaft und passen wunderbar in Kuchen. Ein weicher Kuchen mit gemahlenen Haselnüssen und Schokolade macht jeden froh!

Für einen Kuchen

*2 Eier von glücklichen Hühnern*
*200 g fein gemahlener Vollrohrzucker*
*50 g Butter*
*100 ml Vollmilch*
*200 g fein gemahlene Haselnüsse*
*90 g fein gemahlenes, gesiebtes Weizenvollkornmehl*
*2 TL Backpulver*
*2 TL Bourbonvanillezucker*
*Butter für die Napfkuchenform (etwa 2 l Inhalt)*
*Semmelbrösel für die Napfkuchenform*
*100 g Bitterschokolade oder Milchschokolade guter Qualität*

- ✿ Eier und Zucker schaumig schlagen.
- ✿ Die Butter bei schwacher Hitze zerlassen, die Milch dazugeben und aufkochen lassen. Anschließend etwas abkühlen lassen.
- ✿ Die Buttermischung zur Eiermasse geben.
- ✿ Nüsse, Mehl, Backpulver und Vanillezucker mischen und unter die Butter-Eier-Creme rühren.
- ✿ Die Masse in eine gefettete, mit Semmelbröseln ausgestreute Napfkuchenform füllen.
- ✿ Nusskuchen im vorgeheizten Backofen bei 175 °C 45 bis 50 Minuten backen. Mit einem Holzstäbchen prüfen, ob er fertig ist (siehe Seite 12).
- ✿ Den Kuchen aus der Form nehmen. Die Schokolade in Stückchen brechen, auf den heißen Kuchen legen und schmelzen lassen. Dann die Schokolade mit einem Messer verstreichen.

# Luftiger Mooskuchen
*Mosskaka*

Mooskuchen ist ein leichter Rührkuchen ohne zusätzliches Fett. Er hat eine leicht poröse, luftige Konsistenz, daher der Name. Aus Mooskuchen lassen sich schöne Torten bauen, indem Sie den Kuchen zum Beispiel ein- oder zweimal quer durchschneiden und so einzelne Tortenböden erhalten, zwischen die sich Schlagsahne, Vanillecreme oder Beeren schichten lassen. Aber natürlich können Sie den Kuchen auch so, wie er ist, mit einer Tasse Tee auf der Veranda genießen!

Für einen Kuchen

*3 Eier von glücklichen Hühnern*
*250 g fein gemahlener Vollrohrzucker*
*120 g fein gemahlenes, gesiebtes Weizenvollkornmehl*
*60 g fein gesiebtes Dinkelvollkornmehl*
*1 TL Backpulver*
*1 EL Bourbonvanillezucker*
*100 ml heißes Wasser oder heiße Vollmilch*
*Butter oder Rapsöl für die Springform (etwa 23 cm Durchmesser)*

- ❖ Die Eier und den Zucker schaumig rühren.
- ❖ Mehl mit Backpulver und Vanillezucker mischen und über die Eiermasse sieben. Vorsichtig unterrühren.
- ❖ Zum Schluss das kochend heiße Wasser oder die heiße Milch unterrühren.
- ❖ Den Teig in eine gefettete Backform geben. Der Teig sollte 4 bis 5 cm hoch in der Form stehen.
- ❖ Den Mooskuchen im vorgeheizten Backofen bei 175 °C etwa 30 Minuten backen.
- ❖ Den Kuchen auskühlen lassen und erst dann aus der Form nehmen.

# Kärleksmums light
## Kärleksmums light

*Kärleksmums* ist ein herrlich schokoladiger Genuss. *»Mums«* heißt so viel wie »hmmm«, *»mumsa«*, das Verb, so viel wie »mümmeln«.

Ohne Butter im Teig wie in meinem Rezept wird diese beliebte Köstlichkeit etwas magerer als üblich, aber genauso lecker. Herrlich cremiger Joghurt ersetzt hier die Butter. Aber die Glasur enthält ja ohnehin viele verlockende Kalorien. Die herkömmliche Glasur für *Kärleksmums* besteht aus Puderzucker und Flüssigkeit, aber Trüffelglasur wie hier passt besser zu meinem Kuchen und ist weniger süß.

Für etwa 20 flache Kuchenstücke

*2 große oder 3 kleine Eier von glücklichen Hühnern*
*180 g fein gemahlener Vollrohrzucker*
*2 EL Bourbonvanillezucker*
*3 – 4 EL flüssiger Honig*
*150 g griechischer Joghurt (10 % Fett)*
*150 g fein gemahlenes, gesiebtes Weizenvollkornmehl*
*40 g (3 – 4 EL) Kakaopulver*
*Butter oder Rapsöl für die Backform (etwa 20 cm × 25 cm groß)*

**Trüffelglasur und Dekoration**
*200 g Bitterschokolade guter Qualität*
*100 ml Schlagsahne*
*Kokosflocken zum Bestreuen*

- ✿ Eier, Zucker und Vanillezucker schaumig rühren.
- ✿ Dann Honig und Joghurt unterrühren.
- ✿ Mehl und Kakao mischen und unter die Eiermasse rühren.
- ✿ Die Masse in eine gefettete, flache Backform füllen. Die Teigmasse sollte 3 bis 5 cm hoch in der Form stehen.
- ✿ Kuchen im vorgeheizten Backofen bei 200 °C 10 bis 12 Minuten backen. Der Kuchen sollte noch etwas klebrig sein, wenn Sie ihn aus dem Ofen holen.
- ✿ Abkühlen lassen und aus der Form nehmen.

✿ Für die Glasur die Schokolade in der Sahne bei geringer Hitze schmelzen lassen. Etwas fest werden lassen und dann die Glasur über dem Kuchen verteilen.
✿ Kuchen mit Kokosflocken bestreuen und in Stücke schneiden.

# Gunnebos Kärleksmums

*Kärleksmums*

Hier ist Gunnebos Rezept für den vielleicht beliebtesten Kuchen Schwedens – für *Kärleksmums!* Dieser Kuchen ist ungeheuer populär und hat jede Menge Namen, *»Kärleksmums«,* »Liebesleckerei«, ist heute aber wohl der gebräuchlichste Name.

**Für einen Kuchen**

*120 g weiche Butter*
*300 g Roh-Rohrzucker*
*2 Eier von glücklichen Hühnern*
*250 g Weizenmehl Type 1050*
*35 g (3 – 4 EL) Kakaopulver*
*2 TL Backpulver*
*1 ½ TL Natron*
*½ TL Meersalz*
*300 ml Vollmilch*
*Butter für die Backform (etwa 30 cm × 40 cm groß)*

**Glasur und Dekoration**
*etwa 100 g Butter*
*40 g (3 – 4 EL) Kakaopulver*
*1 EL Bourbonvanillezucker*
*250 g Puderzucker (gerne aus Roh-Rohrzucker)*
*heißer Kaffee*
*Kokosflocken zum Bestreuen*

❀ Butter und Zucker schaumig schlagen und die Eier nacheinander unterrühren. Mehl, Backpulver, Kakaopulver, Natron und Salz mischen. Die Mehlmischung im Wechsel mit der Milch unter die Eiermasse rühren.

❀ Den Teig in eine gefettete, flache Backform füllen. Der Teig sollte 3 bis 4 cm hoch in der Backform stehen. Kuchen im vorgeheizten Backofen bei 200 °C etwa 20 Minuten backen.

- ✿ Für die Glasur die Butter zerlassen und Kakao, Vanillezucker und Puderzucker hineinrühren.
- ✿ So viel Kaffee dazugeben, dass eine streichfähige Konsistenz entsteht.
- ✿ Die Glasur auf den Kuchen streichen und mit Kokosflocken bestreuen.
- ✿ Den Kuchen in großzügige Quadrate schneiden.

### Gunnebo Slott och Trädgårdar

Die preisgekrönte und schwindelerregend schöne Anlage aus dem 17. Jahrhundert *Gunnebo Slott och Trädgårdar* in Mölndal direkt bei Göteborg sollte jeder einmal in seinem Leben besucht haben. Dort gibt es ein Schloss, eine Orangerie, Pflanzungen und ein Café. Der französische Barockgarten, der Landschaftspark und der Nutzgarten – alle sind ökologisch zertifiziert. Auch einen Schlossgarten und einen Garten zur Erholung findet man dort. Im Kaffeehaus genießt man selbst gebackene Leckereien, und wenn man sich still verhält und andächtig seine Teetasse hebt, kann man fast die Schritte und Spatenstiche aus lang vergangener Zeit hören.

# Schokoladenschnitten mit Molkenstreichkäse
*Messmörskaka*

*Messmör* ist ein brauner, süßer Weichkäse, der aus Ziegen- oder Kuhmilch hergestellt wird. Die Molke wird gekocht, bis sie karamellisiert und eine bräunliche Farbe bekommt. Daraus macht man dann *Messmör* (Molkenstreichkäse), *Getmessmör* (Ziegenmolkenstreichkäse) oder *Mesost* (Molkenkäse). Molkenprodukte sind fettarm, kohlenhydratreich und enthalten viele Mineralien. Auf Englisch heißt *Messmör* »soft whey butter«.

Molkenstreichkäse wird in Schweden meist als Brotaufstrich, aber auch zum Kochen und Backen verwendet. Ersatzweise könnten Sie für diesen Kuchen 150 g feste Butter verwenden, ich denke aber, dass Sie einen guten *Messmörskaka* am besten nur mit Molkenstreichkäse backen sollten!

**Für etwa 20 flache Kuchenrauten**

*200 g Molkenstreichkäse*
*130 g fein gemahlener Vollrohrzucker*
*2 Eier von glücklichen Hühnern*
*100 g griechischer Joghurt (10 % Fett)*
*100 g fein gesiebtes Dinkelvollkornmehl*
*80 g fein gemahlenes, gesiebtes Weizenvollkornmehl*
*20 g (2 – 3 EL) Kakaopulver*
*2 TL Backpulver*
*Butter oder Rapsöl für die Backform (etwa 30 cm × 20 cm groß)*
*Kokosflocken für die Backform*
*100 g Bitterschokolade oder Milchschokolade guter Qualität*
   *zum Garnieren*

✿ Molkenstreichkäse und Zucker gründlich verrühren.
✿ Die Eier nacheinander unterrühren.
✿ Den Joghurt untermischen.
✿ Mehle, Kakao und Backpulver mischen und unter die Eiermasse rühren.
✿ Eine feuerfeste, flache Backform einfetten und mit Kokosflocken ausstreuen.

❀ Die Masse in die Form geben – sie sollte 3 bis 4 cm hoch darin stehen – und im vorgeheizten Backofen bei 200 °C 15 bis 20 Minuten backen. Mit einem Holzstäbchen prüfen, ob der Kuchen fertig ist (siehe Seite 12).
❀ Die Schokolade in kleine Stückchen brechen und auf dem fertig gebackenen, noch heißen Kuchen verteilen.
❀ Wenn die Schokolade geschmolzen ist, gleichmäßig verstreichen.
❀ Den Kuchen ganz abkühlen lassen, dann erst aus der Form nehmen und in Rauten schneiden.

# Weicher Pfefferkuchen
*Mjuk pepparkaka*

Weicher Pfefferkuchen ist ein beliebter Kuchen auf schwedischen Kaffeetafeln. Der folgende weiche Pfefferkuchen wird mit Preiselbeermarmelade und herrlichen Gewürzen gebacken!

Für einen Kuchen

*50 g Butter*
*2 Eier von glücklichen Hühnern*
*180 g fein gemahlener Vollrohrzucker*
*200 g Gräddfil (siehe Seite 13)*
  *oder griechischer Joghurt (10 % Fett)*
*180 g fein gemahlenes, gesiebtes Weizenvollkornmehl*
*2 TL gemahlener Ingwer*
*2 TL gemahlene Gewürznelken*
*2 TL gemahlener Zimt*
*etwas frisch geriebene Muskatnuss*
*1 ½ TL Natron*
*150 g Preiselbeermarmelade*
*Butter für die Kastenbackform (etwa 1 ½ l Inhalt)*
*Semmelbrösel für die Kastenbackform*

- Die Butter zerlassen und etwas abkühlen lassen.
- Eier und Zucker schaumig schlagen.
- *Gräddfil* oder Joghurt unterrühren.
- Das Mehl mit allen Gewürzen und Natron mischen und vorsichtig unter die Eiermasse rühren.
- Zuletzt die zerlassene Butter und die Preiselbeermarmelade unterrühren. Den Teig in eine gefettete und mit Semmelbröseln ausgestreute Kastenbackform geben.
- Pfefferkuchen im vorgeheizten Backofen bei 175 °C etwa 45 Minuten backen. Mit einem Holzstäbchen prüfen, ob der Kuchen innen gar ist (siehe Seite 12).
- Den Kuchen in der Form abkühlen lassen, bevor er gestürzt wird.

# Weicher Pfarrhaus-Pfefferkuchen
*Prästgårdens mjuka pepparkaka*

Dieser Kuchen wurde im Jahr 1945 von der auch damals schon bekannten schwedischen Haushaltszeitschrift *Icakuriren* im Rahmen eines Kuchenbackwettberbes preisgekrönt. Das Rezept für diesen Kuchen findet sich auch heute noch in vielen Backbüchern!
Hier meine Variante mit Vollkornmehl und Vollrohrzucker.

Für einen Kuchen

*150 g Butter*
*3 Eier von glücklichen Hühnern*
*200 g fein gemahlener Vollrohrzucker*
*250 g Gräddfil (siehe Seite 13)*
   *oder griechischer Joghurt (10 % Fett)*
*180 g fein gemahlenes, gesiebtes Weizenvollkornmehl*
*60 g fein gesiebtes Dinkelvollkornmehl*
*2 TL gemahlener Ingwer*
*2 TL gemahlene Gewürznelken*
*2 TL gemahlener Zimt*
*3 TL Backpulver*
*Butter für die Kastenbackform (etwa 2 l Inhalt)*
*Semmelbrösel für die Kastenbackform*

- ❀ Die Butter zerlassen und etwas abkühlen lassen.
- ❀ Eier und Zucker schaumig schlagen. Zerlassene Butter und *Gräddfil* oder Joghurt unter die Eiercreme rühren.
- ❀ Das Mehl mit den Gewürzen und dem Backpulver mischen und vorsichtig unter die Eiermasse heben. Den Teig in eine gefettete und mit Semmelbröseln ausgestreute Kastenbackform geben.
- ❀ Pfefferkuchen im vorgeheizten Backofen bei 175 °C 50 bis 60 Minuten oder so lange backen, bis sich der Kuchen trocken anfühlt. Mit einem Holzstäbchen prüfen, ob der Kuchen innen gar ist (siehe Seite 12).
- ❀ Den Kuchen in der Form abkühlen lassen, bevor er gestürzt wird.

# Brunnsvikens Rote-Bete-Kuchen
## Rödbetskaka

Mit Blumen und Gemüse aus der eigenen Gärtnerei werden bei *Brunnsvikens Trädgård & Café* in Solna herrliche Kuchen gebacken. Genießen Sie die Spezialitäten des Cafés, Rote-Bete-Kuchen und Pelargonienkuchen (siehe Seite 80), in Ihrer eigenen Gartenlaube!

Für einen Kuchen

*2 große Rote Beten*
*2 Eier von glücklichen Hühnern*
*180 g* Strösocker *(siehe Seite 13)*
   *oder grober Vollrohrzucker*
*150 ml Rapsöl*
*180 g Weizenmehl Type 1050*
*2 TL Backpulver, 1 EL gemahlener Zimt*
*1 EL Bourbonvanillezucker*
*Rapsöl für die Springform (24 – 26 cm Durchmesser)*
*Semmelbrösel für die Springform*

*Frischkäseglasur und Dekoration*
*100 g Pistazien*
*200 g Frischkäse*
*110 – 120 g Quark*
*50 g Puderzucker (gerne aus Roh-Rohrzucker)*
*1 TL Bourbonvanillezucker*

- ✿ Die Roten Beten schälen und fein reiben.
- ✿ Eier und *Strösocker* oder Vollrohrzucker schaumig schlagen und Rote Bete und Öl unterrühren. Mehl, Backpulver und Gewürze mischen und ebenfalls unterrühren. Den Teig in eine gefettete und mit Semmelbröseln ausgestreute Springform füllen.
- ✿ Den Rote-Bete-Kuchen im unteren Teil des vorgeheizten Backofens bei 175 °C 45 bis 50 Minuten backen. Mit einem Holzstäbchen prüfen, ob er fertig ist (siehe Seite 12).
- ✿ Den Kuchen in der Form abkühlen lassen und stürzen.

✿ Die Pistazien trocken rösten und grob hacken.
✿ Für die Glasur Frischkäse, Quark, Puderzucker und Vanillezucker verrühren, über den kalten Kuchen streichen und mit den Pistazien bestreuen.

### Brunnsvikens Trädgård & Café

Im Herzen des königlichen Ulriksdals in Solna vor den Toren Stockholms, wo die Besucher eine königliche und magische Atmosphäre umfängt, liegt *Brunnsvikens Trädgård & Café*. Hier gibt es üppige Gemüsebeete und liebliche Blumenfelder, professionelle Gartenberatung, spannende Ausstellungen und vieles mehr, was der Seele Flügel verleiht. Im Café werden ausschließlich selbst gebackene Kuchen aus selbst angebauten Zutaten serviert!

# Brunnsvikens Pelargonienkuchen
## Pelargonkaka

Hier ist Brunnsvikens Rezept für Pelargonienkuchen. Duftpelargonien heißen in Schweden »Dr. Westerlunds Gesundheitsblumen«.

Für einen Kuchen

*300 g Butter*
*15 Duftpelargonienblätter (Rosengeranium, Pelargonium graveolens)*
*2 Eier von glücklichen Hühnern*
*250 g Roh-Rohrzucker*
*300 g Weizenmehl Type 1050*
*Butter für die Springform (24 – 26 cm Durchmesser)*
*Semmelbrösel für die Springform*

**Glasur**
*etwa 200 g Puderzucker (gerne aus Roh-Rohrzucker)*
*frisch gepresster Zitronensaft*

- Die Butter zerlassen und abkühlen lassen.
- Die Pelargonienblätter fein hacken.
- Dann die Eier und den Zucker schaumig schlagen.
- Mehl, die Hälfte der Pelargonienblätter und die zerlassene, abgekühlte Butter zur Eiercreme geben und zu einem Teig verrühren.
- Den Teig in eine gefettete und mit Semmelbröseln ausgestreute Springform füllen.
- Den Pelargonienkuchen im unteren Teil des vorgeheizten Backofens bei 175 °C 35 bis 40 Minuten backen. Mit einem Holzstäbchen prüfen, ob er fertig ist (siehe Seite 12).
- Den Kuchen in der Form abkühlen lassen und stürzen.
- Für die Glasur Puderzucker und die übrigen Pelargonienblätter mit so viel Zitronensaft verrühren, dass sich eine streichbare, dickliche Konsistenz ergibt.
- Den Kuchen mit der Glasur bestreichen.

# Safranofenpfannkuchen
*Safranspannkaka*

Gotland ist eine andere Welt. Der hohe Himmel und das tiefe Meer umarmen diese Insel, ihre alten Steinmauern und weißen Häuser. Ein traditioneller Kuchen aus Gotland ist der *Safranspannkaka*. Weicher Reis mit Safran und Eiern, im Ofen gebacken. Hier ist meine Variante mit Arborio-Reis und getrockneter Papaya. Auf Gotland genießt man diesen Ofenpfannkuchen mit Schlagsahne und Marmelade mit *Salmbär (Rubus caesius,* Kratzbeere, eine Art blaue Himbeere).

Für einen Ofenpfannkuchen

*50 – 75 g getrocknete Papaya*
*200 g Arborio-Reis*
*400 ml Wasser, 1 TL Meersalz*
*0,5 g Safranpulver (1 Briefchen), 1 EL warmes Wasser*
*200 ml Schlagsahne*
*2 Eier von glücklichen Hühnern*
*90 g fein gemahlener Vollrohzucker*
*100 ml Milch*
*75 – 100 g gehackte Mandeln*

- ✿ Die getrocknete Papaya in kleine Stückchen hacken.
- ✿ Den Reis waschen und mit Wasser und Salz dazugeben im geschlossenen Topf bei geringer Hitze nach Packungsanleitung gar köcheln lassen. Den Topf vom Herd nehmen und den Reis abkühlen lassen.
- ✿ Safran mit dem warmen Wasser mischen und 10 Minuten ruhen lassen. Die Schlagsahne etwas steif schlagen und mit dem abgekühlten Reis mischen. Eier und Zucker etwas verquirlen und mit Milch, Safranwasser, gehackten Mandeln und Papayastückchen mischen.
- ✿ Die Eiermischung unter den Reis mischen und alles in eine feuerfeste Backform füllen – gerne in eine schöne Keramikform, aus der sich der fertige Ofenpfannkuchen direkt servieren lässt. Pfannkuchen im vorgeheizten Backofen bei 200 °C etwa 30 Minuten backen. Gegen Ende der Backzeit mit Backpapier oder einem Deckel bedecken. Darauf achten, dass der Pfannkuchen nicht zu trocken wird.

# Pfefferkuchenmuffins mit Streuseln
*Pepparkaksmuffins med strössel*

Pfefferkuchenmuffins passen genauso gut zu Weihnachten wie zu einem sonnigen Tag in der Fliederlaube mit Himbeersaft und Hummelgesumm!

Für 6 bis 8 große Muffins

*50 g Butter*
*180 g fein gemahlener Vollrohrzucker*
*2 Eier von glücklichen Hühnern*
*150 g griechischer Joghurt (10 % Fett)*
*100 g Preiselbeermarmelade*
*150 g fein gemahlenes, gesiebtes Weizenvollkornmehl*
*150 g fein gesiebtes Dinkelvollkornmehl*
*2 TL gemahlener Ingwer*
*3 TL gemahlene Gewürznelken*
*3 TL gemahlener Zimt*
*1 ½ TL Natron*

**Streusel**
*30 g Butter*
*3 – 4 EL Rapsöl*
*75 g fein gemahlenes, gesiebtes Weizenvollkornmehl*
*30 g (3 – 4 EL) Haferflocken*
*45 g (3 – 4 EL) fein gemahlener Vollrohrzucker*

- ❀ Die Butter zerlassen und etwas abkühlen lassen.
- ❀ Zucker und Eier schaumig schlagen.
- ❀ Joghurt, zerlassene Butter und Preiselbeermarmelade vorsichtig unter den Eier-Zucker-Schaum rühren.
- ❀ Mehl mit allen Gewürzen und Natron mischen und vorsichtig unter die Eiermasse rühren.
- ❀ Teig in 6 bis 8 größere Muffinförmchen aus Papier geben und die Formen in eine Muffinbackform stellen, damit sie Halt haben. Die Muffinförmchen sollten nicht mehr als zu zwei Dritteln mit Teig gefüllt sein.

❁ Für die Streusel alle Zutaten mit einer Gabel vermischen, sodass eine krümelige Masse entsteht.
❁ Die Streusel über die Muffins streuen.
❁ Muffins im vorgeheizten Backofen bei 225 °C 15 bis 20 Minuten backen. Mit einem Holzstäbchen prüfen, ob sie fertig sind (siehe Seite 12). Aufpassen, dass sie nicht zu trocken werden. Besser zu früh als zu spät aus dem Ofen nehmen!

## Masesgårdens Mohrrübenkuchen
*Morotskaka*

Ein Rezept des beliebten schwedischen Möhrrübenkuchens, so wie er in der Kureinrichtung *Masesgården* serviert wird, passt gut in ein Backbuch in einer Zeit, in der wir das Ungesunde gegen das Gesunde tauschen müssen. Das Ballaststoffarme gegen das Ballaststoffreiche. Das Schnelle gegen das Langsame. Das Kurzsichtige gegen das Weitsichtige.

**Für einen Kuchen**

*1 unbehandelte Zitrone*
*100 g Butter*
*35 g (3 – 4 EL) Roh-Rohrzucker*
*etwa 200 g geriebene Mohrrüben*
*100 g grob gehackte Walnüsse*
*100 ml Vollmilch*
*2 TL Backpulver*
*250 g Grahammehl (Weizenvollkornmehl)*
*Butter für die Springform (24 – 26 cm Durchmesser)*
*Semmelbrösel für die Springform*

- Die Schale der Zitrone abreiben und die Zitrone auspressen.
- Butter und Zucker schaumig rühren.
- Geriebene Mohrrüben, Walnüsse, Zitronenschale, Zitronensaft, Milch, Backpulver und Mehl in die Buttercreme rühren und alles gut vermischen.
- Teig in eine gefettete und mit Semmelbröseln ausgestreute Springform füllen.
- Mohrrübenkuchen im vorgeheizten Backofen bei etwa 170 °C etwa 50 Minuten backen. Mit einem Holzstäbchen prüfen, ob er fertig ist (siehe Seite 12).
- Kuchen auskühlen lassen und erst dann aus der Form nehmen.
- Mohrrübenkuchen mit frischen Früchten oder griechischem Joghurt servieren.

## Masesgården

*Masesgården* ist eine Kureinrichtung auf einem Bauernhof aus dem 17. Jahrhundert, die in der Ortschaft Leksand im herzzerreißend schönen Dalarna, einer Region mitten in Schweden, liegt. Dort heilt man mit Hilfe der Natur, vegetarischem Essen, Schönheit, Frieden und vielen therapeutischen Behandlungen und Vorträgen. Bewusstes Essen und Genießen, Bewegung und mentale Gesundheit können Heilung und Hoffnung für uns alle sein.

# Tartes und Co.
*Pajer*

## Gewürzte Apfeltarte
*Kryddig äppelpaj*

Apfelbäume haben sich gut an das häufig karge Klima im kalten, dunklen Norden angepasst und waren deshalb in Schweden wohl schon immer wichtig. Genießen Sie diesen gedeckten Apfelkuchen mit jeder Menge Gewürzen und Zitrone! Manchmal ersetze ich die Hälfte der Butter durch dieselbe Menge gekochter, kalter und zerdrückter Kartoffeln. Mit einer Hälfte Butter und einer Hälfte Kartoffeln ist die Tarte weniger fett und mindestens ebenso gut.

Für eine Tarte

*225 g Butter*
*etwa 350 g fein gemahlenes, gesiebtes Weizenvollkornmehl*
*50 ml kaltes Wasser*

*Füllung*
*1 – 2 unbehandelte Zitronen*
*etwa 700 g Äpfel*
*130 g fein gemahlener Vollrohrzucker*
*100 g gehackte Walnüsse*
*1 TL gemahlener Zimt*
*1 TL gemahlene Gewürznelken*
*½ TL gemahlener Ingwer*
*etwas frisch geriebene Muskatnuss*
*1 EL Kartoffelmehl*
*1 verquirltes Ei von einem glücklichen Huhn*
*Vollrohrzucker zum Bestreuen*

- Butter, Mehl und Wasser zu einem geschmeidigen Teig verarbeiten. Zwei Drittel des Teigs ausrollen und eine Tarteform damit auskleiden – sowohl den Boden als auch den Rand der Form.
- Die Tarteform 30 Minuten ins Gefrierfach stellen, dann bleibt der Teigrand während des Backens stabil.
- Für die Füllung die Schale von den Zitronen abreiben und eine der Zitronen fast vollständig auspressen.
- Die Äpfel waschen, schälen, entkernen und in sehr dünne Scheiben schneiden.
- Zucker, abgeriebene Zitronenschale, Zitronensaft, Nüsse, Gewürze und Kartoffelmehl mischen.
- Die Apfelscheiben in eine Schüssel geben, die Gewürzmischung hinzufügen und alles gut mischen.
- Die Apfelfüllung in die eiskalte Tarteform geben.
- Den restlichen Teig zu einer Platte oder zu Streifen ausrollen und die Apfelfüllung damit bedecken.
- Die Teigplatte oder die Teigstreifen mit Ei bepinseln und mit Zucker bestreuen.
- Tarte im vorgeheizten Backofen bei 225 °C 20 bis 35 Minuten backen.
- Tarte warm oder kalt genießen. In Schweden essen wir Apfeltarte oft mit eiskalter Vanillesauce. Eis oder Schlagsahne schmeckt aber auch himmlisch gut dazu.

## Alex' Zitronentarte
*Alex citronpaj*

Im ökologischen und vom Slow-Food-Gedanken inspirierten Gartencafé von *Kosters Trädgårdar* kann man leckere Kuchen genießen. Ganz besonders gut schmeckt Alex' Zitronentarte! Hier sein erfrischendes Rezept für einen lauen Sommerabend.

Für zwei Tartes

*360 g Weizenmehl Type 1050*
*300 g Butter*
*90 g Roh-Rohrzucker*
*2 TL Bourbonvanillezucker*

*Füllung*
*5 unbehandelte Zitronen*
*6 Eier*
*270 g Roh-Rohrzucker*
*200 ml Schlagsahne*

- ✿ Aus Mehl, Butter in Flöckchen, Zucker und Vanillezucker einen krümeligen Teig bereiten. Den Teig in zwei Tarteformen verteilen, jeweils als Kuchenboden und Kuchenrand in die Formen drücken und im vorgeheizten Backofen bei 200 °C etwa 15 Minuten backen.
- ✿ Für die Füllung von den Zitronen die Schalen abreiben und den Saft auspressen.
- ✿ Eier und Zucker hellschaumig rühren. Eiercreme vorsichtig mit der abgeriebenen Zitronenschale und dem Zitronensaft mischen.
- ✿ Zitronencreme gleichmäßig auf den vorgebackenen Tarteböden verteilen, glatt streichen und etwa 25 weitere Minuten im Backofen bei 200 °C backen.
- ✿ Abgekühlte Tartes aus den Formen nehmen und mit leicht geschlagener Sahne servieren. Oder die Tartes warm essen und direkt aus den Formen servieren!

**Kosters Trädgårdar**

Im Schärengarten im nördlichen Bohuslän an der Westküste Schwedens liegen die bezaubernden Koster-Inseln mit ihrer herben Schönheit, die jedem den Atem zu rauben vermag. Weil dieses Gebiet zum größten Teil Naturschutzgebiet ist, gilt dort das sonst in Schweden übliche Jedermannsrecht nicht. Nach diesem nirgendwo schriftlich festgelegten Gewohnheitsrecht hat man in Schweden grundsätzlich freien Zugang zur Natur. Dabei wissen alle Schweden: Das Jedermannsrecht bedeutet »Freiheit mit Verantwortung«. Das heißt zum Beispiel: Am selben Ort nur eine Nacht campen! Keine geschützten Blumen pflücken! Keine Baumäste oder Moose aus der Natur entnehmen! Deswegen muss man sehr umsichtig sein, wenn man das zum Meer gehörende Himmelreich der Koster-Inseln besucht.

*Kosters Trädgårdar* liegt auf Sydkoster. Dort wird nach dem wunderbaren Motto »Inspiration für ein nachhaltig gutes Leben!« Gartenbau in Permakultur betrieben. Außerdem bietet *Kosters Trädgårdar* Kunst, Musik und die Möglichkeit, sich in der Natur, im Umfeld von Gärten zu erholen. Dort kann man auch lernen, wie man Wolle filzt oder Häuser aus Stroh baut.

## Tofvehults lauwarmer Rhabarberkuchen
### Ljummen rabarberkaka

Für diesen Kuchen gart der Rhabarber in Schlagsahne in einer Tarteform, wodurch er mild und cremig wird. Rhabarber ist ein herrliches Obst und so einfach im Garten selbst anzubauen. Auf Tofvehult gibt es einen Rhabarberstand auf dem Gartengelände, der an alte Zeiten denken lässt!

Für eine Tarte

*100 g Butter*
*etwa 150 g Dinkelvollkornmehl*
*½ TL Backpulver*
*2 EL Roh-Rohrzucker*

**Belag**
*300 g Rhabarber*
*70 g Roh-Rohrzucker*
*1 TL gemahlener Zimt*
*1 EL Dinkelvollkornmehl*
*200 ml Schlagsahne*

- ✿ Die Butter zerlassen und abkühlen lassen.
- ✿ Mehl, Backpulver, Zucker und zerlassene Butter mischen. Der Teig wird etwas krümelig.
- ✿ Teig in die Tarteform geben und Boden und Rand der Form damit auskleiden.
- ✿ Für den Belag den Rhabarber in kleine Stückchen schneiden.
- ✿ Dann alle Zutaten für den Belag mischen und auf dem Teig in der Form verteilen.
- ✿ Kuchen auf der unteren Schiene im vorgeheizten Backofen bei 200 °C 20 bis 30 Minuten backen, bis der Belag gestockt ist.
- ✿ Rhabarberkuchen lauwarm mit Vanilleeis servieren!

## Tofvehult Kafé

In *Tofvehults Kafé* und Garten in Småland, wo sich die Blumen und knotigen Obstbäume des Urgroßvaters noch immer in den Atemzügen des Sommers bewegen, geht man mit leichtem Schritt. Dort im Wald zwischen zwei schimmernden Seen findet man Ruhe. Man kann Kanu fahren und über das Leben nachdenken.

Und natürlich selbst gebackene Kuchen essen, die mit Liebe so früh am Morgen gebacken werden – kaum dass Seeadler, Reiher und Hirsch erwacht sind.

## Apfelkuchen Astrid Lindgrens Näs
*Äppelkaka*

Versuchen Sie Astrid Lindgrens Apfelkuchen von *Astrid Lindgrens Näs* in Vimmerby, einen alten, redlichen schwedischen Apfelkuchen!

**Für einen Kuchen**

*4 kleine Äpfel (von Astrids Apfelbaum)*
*1 EL Kartoffelmehl*
*¾ TL gemahlener Zimt*
*20 – 40 g (3 – 5 EL) Strösocker (siehe Seite 13)*
  *oder grober Vollrohrzucker*

**Krümelteig**
*100 g Weizenmehl Type 1050*
*40 g (4 – 5 EL) Strösocker*
  *oder grober Vollrohrzucker*
*1 ½ TL Bourbonvanillezucker*
*75 g zimmerwarme Butter in Stückchen*

- ✿ Die Äpfel schälen, entkernen, in kleine Stücke schneiden und in eine feuerfeste Auflaufform legen. Äpfel mit Kartoffelmehl, Zimt und *Strösocker* oder Vollrohrzucker bestreuen.
- ✿ Für den Krümelteig Mehl, *Strösocker* oder Vollrohrzucker und Vanillezucker mischen. Dann die Butter hinzufügen und mit den Fingerspitzen fein verteilen, sodass eine flockige Masse entsteht. Sie können dafür auch ein elektrisches Rührgerät verwenden.
- ✿ Den Krümelteig über den Äpfeln verteilen.
- ✿ Apfelkuchen auf der mittleren Schiene im vorgeheizten Backofen bei 200 °C etwa 25 Minuten backen.
- ✿ Mit Vanillesauce, Schlagsahne oder Eis genießen. Noch besser als kalt schmeckt der Kuchen warm.

## Astrid Lindgrens Näs

Auf dem schönen kleinen Hof Näs in Vimmerby in Småland wurde Astrid Lindgren geboren. Das romantische Zuhause ihrer Kindheit ist heute für die Allgemeinheit zugänglich und man kann sich hier sowohl den Tischlerschuppen von Michel aus Lönneberga als auch den Limonadenbaum von Pippi Langstrumpf ansehen.

*Astrid Lindgrens Näs* hat sich zu einer kulturellen Institution entwickelt – mit einem Wissenschaftszentrum für Kinderliteratur und wechselnden Ausstellungen. Und einem Café, wo man herrliche, selbst gebackene Kuchen bekommt.

# Apfel-Krümel-Kuchen aus Schonen
*Skånsk äppelkaka*

Brotkrümel lassen sich für vieles verwenden! Als Füllung in verschiedenen Gerichten und sogar für solch gute Dinge wie Apfelkuchen.

Apfelkuchen mit Brotkrümeln sind in Schonen, der südlichsten Provinz Schwedens, und in Dänemark sehr beliebt. Am besten sollten es Brotkrümel aus grobem Sauerteigbrot sein.

Für einen Kuchen

*250 g dunkles Vollkornsauerteigbrot, eventuell auch Pumpernickel*
*50 g gehackte Walnüsse*
*100 ml Rapsöl*
*3 – 4 EL flüssiger Honig*
*150 g fein gemahlener Vollrohrzucker*
*1 EL gemahlener Zimt*
*500 – 600 g Äpfel*
*Rapsöl für die Backform (etwa 20 cm × 25 cm groß)*

- ❋ Das Brot zu kleinen Krümeln zerreiben.
- ❋ Brotkrümel mit Walnüssen, Öl, Honig, Zucker und Zimt zu einer krümeligen Masse verrühren.
- ❋ Die Äpfel waschen, schälen, entkernen und in dünne Scheiben schneiden.
- ❋ Die Äpfel in eine kleine, feuerfeste, gefettete Auflaufform geben.
- ❋ Die Krümelmischung über die Äpfel streuen.
- ❋ Den Apfel-Krümel-Kuchen im vorgeheizten Backofen bei 200 °C 20 bis 25 Minuten backen.
- ❋ Noch warm mit Vanilleeis genießen!

# Apfelhörnchen
*Äpplegifflar*

Äpfel passen wunderbar auch zu *Vetebröd* – Hefegebäck –, weil sie diesem eine fruchtige Süße verleihen. Hier backe ich goldgelbe Apfelhörnchen!

Für etwa 25 Apfelhörnchen

*400 ml Vollmilch*
*50 ml Rapsöl*
*125 g weißer Zuckerrübensirup (siehe Seite 13),*
  *Agavendicksaft oder flüssiger Honig*
*20 g frische Hefe*
*etwa 325 g fein gesiebtes Dinkelvollkornmehl*
*etwa 325 g fein gemahlenes, gesiebtes Weizenvollkornmehl*
*etwa 180 g dickes Apfelmus*
*eventuell Rapsöl für das Backblech*
*1 verquirltes Ei von einem glücklichen Huhn*
*gehobelte Mandeln oder Hagelzucker zum Bestreuen*

✿ Milch, Öl und Sirup, Dicksaft oder Honig mit der Hefe verrühren, sodass sich die Hefe auflöst.
✿ Die Mehle unterrühren und verkneten, sodass ein geschmeidiger Teig entsteht.
✿ Den Teig zugedeckt mindestens 2 Stunden bei Zimmertemperatur oder über Nacht im Kühlschrank gehen lassen.
✿ Anschließend den Hefeteig 3 bis 4 mm dünn ausrollen und in gleichschenklige Dreiecke mit 12 cm Seitenlänge schneiden.
✿ Jeweils einen Klecks Apfelmus auf jedes Dreieck geben und die Dreiecke vorsichtig zu gebogenen Hörnchen zusammenrollen.
✿ Die Hörnchen auf ein gefettetes oder mit Backpapier belegtes Backblech legen, mit verquirltem Ei bepinseln und mit gehobelten Mandeln oder Hagelzucker oder einer Mischung aus beiden bestreuen.
✿ Die Hörnchen etwa 20 Minuten gehen lassen.
✿ Hörnchen im vorgeheizten Backofen bei 225 °C etwa 10 Minuten backen.

# Torten
*Tårtor*

## Prinzessinnentorte
*Prinsesstårta*

Dies ist eine wahrhaft majestätische Torte! Vor allem ist Prinzessinnentorte aber die beliebteste Geburtstagstorte in Schweden. Die schwedische Bäcker- und Konditorenvereinigung hat die letzte Septemberwoche im Jahr sogar zur »Woche der Prinzessinnentorte« erklärt. Ein Teil des Erlöses aus dem Verkauf der Torten – mit einer speziell dafür designten Krone – geht an die Stiftung von Kronprinzessin Viktoria für kranke Kinder und Jugendliche.

Das Rezept soll von einer Hauswirtschaftslehrerin stammen, welche die Prinzessinnen Margaretha, Märtha und Louise in den 1930er-Jahren als Schülerinnen unterrichtete.

Für eine Torte

*4 Eier von glücklichen Hühnern*
*180 g fein gemahlener Vollrohrzucker*
*60 g fein gemahlenes, gesiebtes Weizenvollkornmehl*
*gut 80 g Kartoffelmehl*
*2 TL Backpulver*
*Butter für die Springform (25 cm Durchmesser)*

*Füllung*
*350 g Brombeermarmelade oder andere Marmelade ·*
*350 g feste Vanillecreme (siehe Grundrezepte Seite 14 oder 15)*
*400 ml Schlagsahne*

*Marzipandecke und Dekoration*
*eventuell etwas Karamellfarbe oder Rote-Bete-Saft*
*etwa 300 g Marzipanrohmasse für die Tortendecke*
*Puderzucker zum Bestäuben (gerne aus Roh-Rohrzucker)*
*1 Marzipanrose, 1 frische Rosenblüte oder 1 kleine Prinzessinnenkrone*

- Eier und Zucker schaumig schlagen.
- Das Mehl mit dem Backpulver mischen und vorsichtig unter die Eiermasse rühren.
- Teig in eine gefettete Springform füllen und im vorgeheizten Backofen bei 175 °C 35 bis 40 Minuten backen.
- Den Kuchen abkühlen lassen und erst dann aus der Form nehmen.
- Den Kuchen zweimal quer durchschneiden.
- Für die Füllung einen Kuchenboden auf einen Teller legen und mit Marmelade bestreichen.
- Den zweiten Kuchenboden darauf legen und mit Vanillecreme bestreichen.
- Den dritten und letzten Kuchenboden darauf legen.
- Die Sahne sehr steif schlagen. In vielen Rezepten wird Gelatine verwendet, damit die Sahne besonders fest wird, aber es geht meist auch ohne gut. Man kann auch etwas extra feste Vanillecreme in die Sahne rühren. Die Sahne in der Mitte des Kuchens etwas auftürmen, sodass die Torte in der Form etwas gewölbt ist.
- Für die Marzipandecke eventuell die Farbe (am besten natürliche Farbe) in das Marzipan kneten. In Schweden sind Prinzessinnentorten fast immer hellgrün, aber es gibt auch rosafarbene Torten, und man kann auch fertige Marzipandecken kaufen.
- Das Marzipan kreisförmig ausrollen und auf die Torte legen. Das geht leichter, wenn man das Marzipan um das Nudelholz wickelt und auf der Torte ausrollt.
- Mit Puderzucker bestäuben und eine Marzipanrose in die Tortenmitte legen oder eine echte Rose verwenden. Oder in die Mitte eine kleine Prinzessinnenkrone setzen!

# Käsekuchen aus Småland
*Ostkaka*

Alle großen Feste brauchen einen Käsekuchen auf dem Tisch! In Schweden feiert man am 14. November sogar den Tag des Käsekuchens!

*Ostkaka* mit oder ohne Teigboden, serviert mit Schlagsahne und roter Marmelade, ist eine traditionsreiche Spezialität aus Småland, einer Provinz in Südschweden.

Für einen Kuchen

*350 ml Vollmilch (nur pasteurisiert, nicht homogenisiert)*
*10 ml (1 knapper EL) Zitronensaft*
*3 Eier von glücklichen Hühnern*
*2 Eigelb von glücklichen Hühnern*
*100 g fein gemahlener Vollrohrzucker*
*300 ml Schlagsahne*
*45 g fein gemahlenes, gesiebtes Weizenvollkornmehl*
  *oder Dinkelvollkornmehl*
*100 g fein gehackte Mandeln*
*2 fein geriebene Bittermandeln*
*Butter für die Backform (etwa 2 l Inhalt)*
*Semmelbrösel für die Backform*

- ✿ Milch in einem Topf zum Kochen bringen. Wenn die Milch im Topf zu steigen beginnt, den Zitronensaft einrühren und mit einem Kochlöffel aus Holz umrühren. Es bilden sich weiße Käseklumpen und gelbe Molke. Wenn die Molke noch nicht klar ist, noch einmal leicht aufkochen lassen und – falls nötig – noch ein paar Tropfen Zitronensaft hineinträufeln.
- ✿ Käsetuch in einen Durchschlag oder in ein großes Sieb legen und die Masse in den Durchschlag oder das Sieb geben, sodass die Molke ablaufen kann. Wenn man will, lässt sich die Molke zum Brotbacken verwenden!
- ✿ Die Käsemasse im Tuch kurz unter fließendes kaltes Wasser halten, Tuch an den Enden zusammenknoten, aufhängen und gut abtropfen lassen.

❁ Die Masse anschließend in eine Schüssel geben und umrühren, bis sie körnig wird.
❁ Eier, Eigelb, Zucker und Sahne in einer großen Schüssel schaumig schlagen. Mehl und gehackte und geriebene Mandeln unterheben.
❁ Dann die Käsemasse unterrühren.
❁ Eine runde, feuerfeste Backform einfetten, mit Semmelbröseln ausstreuen und die Masse hineingeben.
❁ Den Käsekuchen im vorgeheizten Ofen bei 175 °C etwa 60 Minuten backen. Mit Backpapier bedecken, wenn er zu braun wird.
❁ Den Käsekuchen nach dem Backen am besten einen Tag stehen und reifen lassen.
❁ Mit Schlagsahne und selbst gekochter roter Marmelade servieren.

# Gustav-Adolf-Schnitten
*Gustav-Adolf-bakelser*

»Hier soll die Stadt liegen«, soll der Gründer der Stadt Göteborg, König Gustav Adolf II., Anfang 1600 gesagt und majestätisch auf den Platz gezeigt haben. Eine pompöse Statue des Königs steht heute in genau dieser Pose mitten in der Stadt. 1870 kam ein deutscher Einwanderer aus Thüringen nach Göteborg, Emil Bräutigam. Er gründete eine Konditorei, die es in abgewandelter Form bis heute gibt. Emil Bräutigams Sohn kreierte 1905 ein Gebäck zum Andenken an den Todestag Gustav Adolfs II. am 6. November 1632, als der König in der Schlacht bei Lützen seinen letzten Atemzug tat.

Ursprünglich bestanden die Tortenschnitten Emil Bräutigams aus einer Schicht Zitronensahne oder Schokoladensahne zwischen zwei Schichten Rührkuchen. Alles zusammen wurde in eine Schokoladenglasur getaucht und mit Sahnerosetten und einer Marzipansilhouette des Königskopfes verziert. Heute ist die Konditorei Bräutigam in Göteborg geschlossen, aber die fünfte und sechste Generation betreibt das Geschäft auf dem Land weiter – das Unternehmen stellt Marzipan und Eis her.

Heutzutage fertigen viele Konditoreien in Göteborg *Gustav-Adolf-bakelser* in verschiedenen Sorten zum Todestag des Königs. Auch in anderen Städten gibt es diese Tortenschnitten, aber Göteborg ist die Hauptstadt der Gustav-Adolf-Schnitten!

### Für etwa 12 Tortenschnitten

*3 Eier von glücklichen Hühnern*
*180 g fein gemahlener Vollrohrzucker*
*120 g fein gemahlenes, gesiebtes Weizenvollkornmehl*
*2 TL Backpulver*
*50 ml Vollmilch oder Wasser*
*zerlassene Butter oder Rapsöl für das Backpapier*

**Zitronensahne**
*300 ml Schlagsahne*
*50 g Zitronencreme (siehe Grundrezept Seite 16)*

*Zitronenglasur und Dekoration*
*1 – 2 unbehandelte Zitronen*
*etwa 150 g Puderzucker (gerne aus Roh-Rohrzucker)*
*etwa 300 ml Schlagsahne*
*etwa 100 g Bitterkuvertüre guter Qualität*

- Eier und Zucker schaumig rühren.
- Mehl und Backpulver mischen, über die Eiermasse sieben und vorsichtig unterheben. Zum Schluss Milch oder Wasser unterrühren.
- Den Teig in eine mit gefettetem Backpapier ausgekleidete, flache Backform füllen, die etwa 20 cm × 30 cm groß ist. Der Teig sollte 3 bis 4 cm hoch in der Form stehen.
- Kuchen im vorgeheizten Backofen bei 250 °C etwa 5 Minuten backen. Fertig gebackenen Kuchen auf ein Kuchengitter stürzen und das Backpapier abziehen.
- Den Kuchen quer in der Mitte durchschneiden, sodass zwei jeweils 20 cm × 30 cm große Kuchenplatten entstehen. Kuchen abkühlen lassen.
- Für die Zitronensahne die Sahne sehr steif schlagen und mit der Zitronencreme mischen.
- Eine Schicht Zitronensahne auf der einen Kuchenplatte verstreichen, die andere Kuchenplatte auf die Sahne legen.
- Für die Zitronenglasur etwas Schale von den Zitronen abreiben und die Zitronen auspressen. Puderzucker mit so viel Zitronensaft verrühren, dass eine glatte Glasur entsteht. Eventuell etwas geriebene Zitronenschale hinzufügen. Die Glasur über den Kuchen streichen.
- Den Kuchen in etwa 12 quadratische Stücke schneiden.
- Die Sahne steif schlagen und auf jedes Stück eine große Sahnerosette spritzen.
- Kuvertüre im Wasserbad schmelzen, die geschmolzene Kuvertüre dünn auf Backpapier streichen und fest werden lassen. Aus der Schokolade Figuren ausschneiden und die Kuchenstücke damit verzieren. Wenn Sie nicht den schwedischen König als Schokoladenfigur auf den Tortenschnitten haben möchten, können es genauso gut Schokoladenherzen oder -blätter sein. Dafür die geschmolzene Schokolade auf schöne, ungiftige Blätter streichen, fest werden lassen und das Blatt jeweils vorsichtig entfernen.

# Märchenhafte Sahnebonbontorte
*Sagolik kolatårta*

Diese Sahnebonbontorte ist unwiderstehlich und märchenhaft gut! Sie ist ziemlich einfach herzustellen und kann kaum misslingen!

Für eine Torte

*4 Eiweiß von glücklichen Hühnern*
*350 g fein gemahlener Vollrohrzucker*
*200 g gemahlene Mandeln*
*zerlassene Butter oder Rapsöl für das Backpapier*

*Sahnebonbonmasse und Dekoration*
*300 ml Schlagsahne oder magere Sahne (12 – 15 % Fett)*
*180 g Puderzucker (gerne aus Roh-Rohrzucker)*
*50 g dunkler Zuckerrübensirup (siehe Seite 13),*
  *Agavendicksaft oder flüssiger Honig*
*400 – 500 ml Schlagsahne*
*Kakaopulver zum Bestäuben*

- ✿ Das Eiweiß zu festem Schnee schlagen, dann den Zucker unterschlagen, sodass eine feste Eischnee-Zucker-Masse entsteht.
- ✿ Die gemahlenen Mandeln unter die Eischneemasse heben.
- ✿ Auf einem gefetteten Backpapier, das auf einem Backblech liegt, einen Kreis von 23 bis 25 cm Durchmesser markieren und die Masse innerhalb des Kreises auf dem Papier verteilen.
- ✿ Masse im vorgeheizten Backofen bei 200 °C etwa 25 Minuten oder so lange backen, bis sie spröde und etwas hart ist.
- ✿ Ganz abkühlen lassen.
- ✿ Für die Sahnebonbonmasse Sahne, Puderzucker und Sirup, Dicksaft oder Honig in einem Topf verrühren und zum Kochen bringen. Köcheln lassen, bis eine weiche Masse entsteht. Das dauert 20 bis 25 Minuten. Die richtige Konsistenz lässt sich prüfen, indem Sie etwas Sahnebonbonmasse auf einen Löffel geben und kaltes Wasser über die Masse gießen. Die Masse muss dann zähflüssig werden. Kocht man die Masse zu lange, kann sie steinhart werden!

✿ Die abgekühlte Sahnebonbonmasse auf dem Mandelboden verstreichen und ganz abkühlen lassen.
✿ Die Sahne steif schlagen und darauf verteilen.
✿ Mit Kakao bestäuben. Sehr schön ist ein Kakaomuster auf der Torte: Dafür während des Bestäubens eine runde Dekorschablone mit Spitzenmuster über die Torte halten!
✿ Die Torte eiskalt genießen.

# Toscatorte
*Toscakaka*

Toscatorte ist eine mächtige und wonnige Torte, ein Klassiker, den man industriell hergestellt in Läden und natürlich auch in Konditoreien kaufen kann. Die Torte ist nach der gleichnamigen Oper von Puccini benannt und wird in Schweden schon seit den 1930er-Jahren hergestellt.

Die traditionelle Toscatorte hat eine knusprige Decke mit Mandeln, ich belege sie zusätzlich mit gesunden Nüssen und Kürbiskernen!

Für eine Torte

*75 g Butter*
*2 Eier von glücklichen Hühnern*
*130 g fein gemahlener Vollrohrzucker*
*120 g fein gemahlenes, gesiebtes Weizenvollkornmehl*
*1 TL Backpulver*
*50 ml Vollmilch*
*Butter für die Springform (etwa 24 cm Durchmesser)*
*Semmelbrösel für die Springform*

**Belag**
*100 g Butter*
*125 g fein gemahlener Vollrohrzucker*
*30 g (3 – 4 EL) gehackte Mandeln*
*30 g (3 – 4 EL) ganze Haselnüsse*
*30 g (3 – 4 EL) gehackte Cashewnüsse*
*30 g (3 – 4 EL) Kürbiskerne*
*2 EL fein gemahlenes, gesiebtes Weizenvollkornmehl*
*50 ml Vollmilch*

- Die Butter bei schwacher Hitze zerlassen und etwas abkühlen lassen.
- Eier und Zucker schaumig rühren.
- Mehl und Backpulver mischen und vorsichtig unter die Eiercreme rühren.
- Zum Schluss die Butter und Milch unterrühren.
- Den Teig in eine gefettete und mit Semmelbröseln ausgestreute Springform geben und auf der untersten Schiene im vorgeheizten Backofen bei 175 °C etwa 20 Minuten backen.
- Währenddessen den Belag zubereiten: Alle Zutaten in einen Topf geben und erwärmen. Die Masse unter ständigem Rühren eindicken lassen.
- Die Torte nach 20 Minuten aus dem Ofen nehmen, den Belag darübergeben und die Torte weitere 5 bis 10 Minuten backen.
- Torte aus dem Ofen nehmen, etwas abkühlen lassen und erst dann aus der Form nehmen.

# Glömmingetorte mit Beeren
## Glömmingetårta

Glömminge ist ein Ort auf der Insel Öland und die nach ihm benannte Torte ist eine beliebte Sommertorte. Man pflegt bei uns in Schweden zu sagen, dass ein liebes Kind viele Namen hat. Diese Torte ist wahrhaftig ein lieber Freund mit vielen Namen: Glömmingetorte, Gutstorte, Brittatorte, Pinocciotorte, Mamas Meringuetorte und Margaretatorte. Es ist ein Rührkuchen mit Baiserhaube und jeder Menge Sommerbeeren!

**Für eine Torte**

*75 g Butter*
*180 g fein gemahlener Vollrohrzucker*
*5 Eier von glücklichen Hühnern*
*50 ml Vollmilch*
*120 g fein gemahlenes, gesiebtes Weizenvollkornmehl*
*2 TL Backpulver*
*zerlassene Butter oder Rapsöl für das Backpapier*
*180 g fein gemahlener Vollrohrzucker*
*eventuell einige Körnchen Salz oder ein paar Tropfen Essig*
*eventuell 50 g gehobelte Mandeln*

**Belag**
*400 – 500 ml Schlagsahne*
*jede Menge Sommerbeeren!*

✿ Butter und Zucker schaumig rühren.
✿ Die Eier trennen. Nacheinander die Eigelbe in die Butter-Zucker-Masse rühren.
✿ Dann die Milch unterrühren.
✿ Mehl und Backpulver mischen und unter die Masse heben.
✿ Den Teig in eine flache, etwa 30 cm × 40 cm große Backform geben, die mit gefettetem Backpapier ausgekleidet ist. Der Teig sollte 3 bis 4 cm hoch in der Form stehen.

✿ Das Eiweiß mit sauberen(!) Rührstäben zu festem Schnee schlagen, während des Rührens vorsichtig den Zucker dazugeben. Noch eine Weile weiterrühren und einige Körnchen Salz oder ein paar Tropfen Essig hinzufügen – das macht die Masse steifer.
✿ Die Eiweißmasse auf dem Rührkuchenteig verteilen.
✿ Eventuell gehobelte Mandeln darüberstreuen.
✿ Den Kuchen im vorgeheizten Backofen bei 175 °C 15 bis 20 Minuten backen, bis er sich trocken anfühlt.
✿ Den Kuchen abkühlen lassen, aus der Form nehmen, hochheben und vorsichtig das Backpapier entfernen.
✿ Den Kuchen auf einen Teller legen, die Sahne steif schlagen und auf der Torte verstreichen. Sie können die Torte auch quer in der Mitte durchschneiden und sie mit der Sahne füllen.
✿ Die Torte mit vielen herrlichen Sommerbeeren bedecken.

# Schwedenkuchen mit Vanillecreme
*Sverigekaka*

Schwedenkuchen ist ein sehr einfacher Kuchen aus Rührteig und Vanillecreme. Aber manchmal kann das scheinbar Einfache das Allerbeste sein. Die Basis für diesen Kuchen ist ein gewöhnlicher schwedischer Rührteig.

Für einen Kuchen

*100 g Butter*
*3 Eier von glücklichen Hühnern*
*200 g fein gemahlener Vollrohrzucker*
*200 g fein gemahlenes, gesiebtes Weizenvollkornmehl*
*2 TL Backpulver*
*1 EL Bourbonvanillezucker*
*100 ml Vollmilch*
*Butter für die Backform (etwa 23 cm Durchmesser)*
*Semmelbrösel oder Vollrohrzucker für die Backform*

*Füllung und Dekoration*
*500 g Vanillecreme (siehe Grundrezepte Seite 14 oder 15)*
*Puderzucker zum Bestäuben (gerne aus Roh-Rohrzucker)*

- ✿ Die Butter zerlassen und abkühlen lassen.
- ✿ Eier und Zucker schaumig rühren.
- ✿ Mehl, Backpulver und Vanillezucker mischen, über die Eiermasse sieben und vorsichtig unterrühren.
- ✿ Zum Schluss die abgekühlte Butter und die Milch unterrühren.
- ✿ Den Teig in eine runde, gefettete und mit Semmelbröseln ausgestreute Backform geben. Soll der Kuchen etwas knusprig werden, die Form mit Zucker statt mit Semmelbröseln ausstreuen.
- ✿ Kuchen im vorgeheizten Backofen bei 175 °C etwa 40 Minuten backen. Mit einem Holzstäbchen prüfen, ob er gar ist (siehe Seite 12). Wenn man den Kuchen zu früh aus dem Ofen nimmt und er noch etwas klebrig ist, nennen wir ihn »missglückten Rührkuchen«, und solch einen Kuchen mögen viele besonders gern!
- ✿ Kuchen abkühlen lassen und erst dann aus der Form nehmen.

✿ Den Kuchen quer in der Mitte durchschneiden und eine dicke Lage Vanillecreme auf den unteren Boden streichen. Vanillecreme mit dem oberen Kuchenboden bedecken und den Kuchen mit Puderzucker bestäuben.

## Käsekuchen mit Zucchini
*Ostkaka med squash*

Käsekuchen lässt sich auch etwas einfacher backen als nach dem traditionellen Rezept (siehe Seite 98). Genießen Sie diesen Käsekuchen lauwarm mit Marmelade und Schlagsahne oder Eis. Hhmmm! In Schweden isst man Käsekuchen gern als Dessert nach einer Suppe.

Für einen Kuchen

*500 g körniger Frischkäse*
*5 Eier von glücklichen Hühnern*
*130 g fein gemahlener Vollrohrzucker*
*200 – 300 g geriebene Zucchini*
*60 g fein gemahlenes, gesiebtes Weizenvollkornmehl*
*2 TL Backpulver*
*100 g grob gehackte Mandeln*
*2 – 3 fein gehackte Bittermandeln*
*200 ml Schlagsahne oder Sojasahne*
*Butter oder Rapsöl für die Backform (etwa 2 l Inhalt)*
*Semmelbrösel für die Backform*

- Den körnigen Frischkäse in einem Sieb abtropfen lassen.
- Eier und Zucker schaumig rühren. Körnigen Frischkäse und die geriebene, abgetropfte Zucchini vorsichtig unter die Eiermasse heben.
- Mehl, Backpulver und Mandeln mischen und vorsichtig unterrühren.
- Zum Schluss die Sahne dazugeben.
- Die Masse in eine gefettete und mit Semmelbröseln ausgestreute, feuerfeste, runde Backform füllen. Die Masse sollte 5 bis 6 Zentimeter hoch in der Form stehen. Käsekuchen im vorgeheizten Backofen bei 175 °C etwa 60 Minuten backen. Nach 10 Minuten die Masse vorsichtig umrühren, damit der Frischkäse nicht nach unten sinkt. Nach einigen Minuten eventuell ein weiteres Mal umrühren.
- Fertigen Kuchen aus dem Ofen nehmen und in der Form etwas abkühlen lassen. Der Kuchen schmeckt am besten, wenn er noch lauwarm ist.

Die Freude zeigt sich im Allerkleinsten.
In der Verkleinerungsform.
Oder geradezu im Unsichtbaren.
In der Iris eines guten Freundes.
Im Duft eines Buschwindröschens.
Im Schein eines Feuers.
Im Atem des Windes.
In der leichten Süße eines Schokoladenkuchens.

# Adressen

Ich stelle in diesem Buch eine kleine Auswahl wunderschöner Gartencafés vor. Jedes dieser Cafés hat mir außerdem ein besonderes Backrezept verraten, wofür ich mich herzlich bedanke!
Im Folgenden die Adressen der Cafés.

**Brunnsvikens Trädgård & Café**
Ulriksdalsvägen 2
170 79 Solna
www.brunnsvikenstradgard.se
siehe Seite 79

**Klinta Kryddor & Grönt**
Snogeröd 660
243 95 Höör
siehe Seite 65

**Fredriksdals museer och trädgårdar**
Gisela Trapps väg 1
251 89 Helsingborg
www.fredriksdal.se
siehe Seite 53

**Flickorna Lundgren**
Skäretvägen 19
262 73 Skäret
www.fl-lundgren.se
siehe Seite 49

**Gunnebo Slott och Trädgårdar**
Christina Halls väg
431 36 Mölndal
www.gunneboslott.se
siehe Seite 73

**Kosters Trädgårdar**
452 05 Sydkoster
www.kosterstradgardar.se
siehe Seite 89

**Tofvehult Kafé**
Tovehult 3
590 93 Gunnebo
www.tofvehult.se
siehe Seite 91

**Astrid Lindgrens Näs**
Prästgårdsgatan 24
598 36 Vimmerby
www.astridlindgrensnas.se
siehe Seite 93

**Masesgården**
Siljansnäsvägen 211
Grytnäs
793 92 Leksand
www.masesgarden.se
siehe Seite 85

# Die Autorin

Lena Brorsson Alminger lebt in Kungsbacka an der Westküste Schwedens. Sie arbeitet als Autorin, hält Vorträge und fotografiert. Ihre Themen sind Gesundheit, Sport, Zeit und Langsamkeit, Essen und Inspiration. Bisher hat sie 19 Bücher in Schweden, Finnland und Deutschland veröffentlicht und Wandkalender gestaltet. Frau Brorsson Alminger ist passionierte Langstreckenläuferin. Als Läuferin liebt sie die Natur, wünscht Gesundheit für jedermann und immer das Beste für die Erde. Diesen Wunsch bringt sie in ihren Büchern zum Ausdruck.

Im pala-verlag ist außer diesem Buch der Titel »Vegetarische Jul« von ihr erschienen.

# Rezeptindex

**A**lex' Zitronentarte .................... 88
Apfelhörnchen ........................... 95
Apfel-Krümel-Kuchen aus Schonen ...... 94
Apfelkuchen Astrid Lindgrens Näs ....... 92
Apfeltarte ............................... 86

**B**eerentortorte ..................... 106
Brunnsvikens Pelargonienkuchen ........ 80
Brunnsvikens Rote-Bete-Kuchen ......... 78
Budapestrolle ........................... 38

**E**rdnussbällchen ................... 34

**F**innische Stückchen ............... 43
Flickorna Lundgrens Vanilleherzen ...... 48
Fredriksdals Kokosmakronen ............ 52

**G**ewürzte Apfeltarte ............... 86
Glömmingetorte mit Beeren ............ 106
Grundrezept Vanillecreme 1 ............. 14
Grundrezept Vanillecreme 2 ............. 15
Grundrezept Zitronencreme ............. 16
Gunnebos Kärleksmums ................. 72
Gustav-Adolf-Schnitten ................. 100

**H**aferkekse mit Aprikosen,
   Heidelbeeren und Paranüssen ........ 47
Haferkekse, Linneas Art ................ 50
Hafermehl-Träume .................... 42
Hefestücke aus Rimbo .................. 30
Heidelbeer-Paranuss-Hafer-Kekse
   mit getrockneten Aprikosen .......... 47

**J**itterbugs ........................... 51

**K**ardamom-Hefeteilchen
   mit Vanillecreme .................... 26
Kärleksmums light ..................... 70
Kärleksmums,
   Gunnebo Slott och Trädgårdar ....... 72
Käsekuchen aus Småland .............. 98
Käsekuchen mit Zucchini .............. 110
Klebkuchen ............................ 60
Klintas Walnusskuchen mit Zimt ........ 64
Knusprige Mürbeteigtaler .............. 40
Kokosmakronen,
   Fredriksdals museer
   och trädgårdar ..................... 52
Kringel in Brezelform .................. 20
Kronenkuchen ......................... 63
Krümel-Apfel-Kuchen aus Schonen ..... 94

**L**avendelbiscotti .................... 44
Linneas Haferkekse .................... 50
Luftiger Mooskuchen ................... 69
Lussekatter ............................ 22

**M**andelklötze ...................... 27
Mandelkränze ......................... 58
Märchenhafte Sahnebonbontorte ...... 102
Marzipan-Schokoladen-Semlor
   mit Sahnehaube .................... 24
Masesgårdens Mohrrübenkuchen ...... 84
Mein Klebkuchen ...................... 60
Mein Nusskuchen ...................... 68
Meine Haferkekse
   mit getrockneten Aprikosen,
   Heidelbeeren und Paranüssen ....... 47
Mohrrübenkuchen, Masesgården ...... 84

Molkenstreichkäse-Schokoladen-
  Schnitten .......................................... 74
Mooskuchen ........................................ 69
Mürbeteigtaler .................................... 40

**N**usskuchen........................................ 68

**P**aranuss-Heidelbeer-Hafer-Kekse
  mit getrockneten Aprikosen............. 47
Pelargonienkuchen,
  Brunnsvikens Trädgård & Café ........ 80
Pfannkuchen........................................ 36
Pfarrhaus-Pfefferkuchen, weich ........... 77
Pfefferkuchen, weich........................... 76
Pfefferkuchenmuffins mit Streuseln...... 82
Prinzessinnentorte ............................... 96

**R**adiokuchen...................................... 35
Rhabarberkuchen, Tofvehult Kafé ....... 90
Rote-Bete-Kuchen,
  Brunnsvikens Trädgård & Café ........ 78
Rührkuchen......................................... 61

**S**afranofenpfannkuchen..................... 81
Sahnebonbontorte............................. 102
Sahne-Schokoladen-Semlor
  mit Marzipan ................................... 24
Sarah Bernhardt.................................. 54
Schachfelder ....................................... 46
Schokoladenbällchen.......................... 34
Schokoladen-Marzipan-Semlor
  mit Sahnehaube ............................... 24
Schokoladenschnitten
  mit Molkenstreichkäse .................... 74
Schokoladen-Zitronen-Muffins ........... 62

Schwedenkuchen mit Vanillecreme ... 108
Schwedischer Rührkuchen ................... 61
Schwesternkuchen................................ 28
Södertälje-Kringel in Brezelform ......... 20
Staubsauger ......................................... 32
Streusel-Pfefferkuchenmuffins.............. 82

**T**igermuffins ....................................... 66
Tofvehults lauwarmer
  Rhabarberkuchen ............................ 90
Toscatorte .......................................... 104
Träume aus geröstetem Hafermehl....... 42
Träume ................................................ 41
Traumtorte........................................... 17

**V**anillecreme 1 ................................... 14
Vanillecreme 2 .................................... 15
Vanillecreme-Kardamom-Hefeteilchen.. 26
Vanillecremekuchen.......................... 108
Vanilleherzen, Flickorna Lundgren....... 48

**W**alnusskuchen mit Zimt,
  Klinta Kryddor & Grönt................... 64
Weicher Pfarrhaus-Pfefferkuchen......... 77
Weicher Pfefferkuchen ........................ 76
Weihnachtslebkuchen ......................... 56

**Z**imtherzen........................................ 59
Zimtschnecken.................................... 18
Zimt-Walnuss-Kuchen,
  Klinta Kryddor & Grönt................... 64
Zitronencreme .................................... 16
Zitronenmuffins mit Schokolade .......... 62
Zitronentarte, Kosters Trädgårdar......... 88
Zucchini-Käsekuchen ....................... 110

## Wir engagieren uns noch stärker für den Klimaschutz!

Seit mehr als 15 Jahren drucken wir unsere Bücher weitestgehend auf Recyclingpapier und versuchen damit, eine ressourcenschonende und umweltfreundliche Buchproduktion zu ermöglichen.

In den letzten Jahren ist der Klimawandel mit seinen weitreichenden Folgen für uns und vor allem unsere nachfolgenden Generationen immer mehr zum Thema geworden. Die Auswirkungen sind bereits jetzt spürbar – Wetterextreme, sich verschiebende Jahreszeiten, Erderwärmung. Auch wenn diese Entwicklungen nicht mehr völlig aufzuhalten sind, müssen wir – auch als Verlag – aktiv werden.

Die *freiburger graphische betriebe*, die Druckerei, in der unsere Bücher produziert werden, beteiligen sich an der Klimainitiative der Druck- und Medienverbände Deutschland und bieten die Möglichkeit, Buchproduktionen klimaneutral herstellen zu lassen. »Klimaneutral« bedeutet den Ausgleich von Treibhausgasen bzw. die Neutralisation durch die Einsparung einer bestimmten $CO_2$-Menge an anderer Stelle. Da die Wirkungen des Treibhauseffektes global schädigen, ist es irrelevant, an welchem Ort der Welt Emissionen entstehen und wo sie dann letztendlich eingespart werden. Der gesamte Prozess des Ausgleiches von Treibhausgasen basiert auf dem Kyoto-Protokoll von 1997.

Wir haben nun die Möglichkeit, für jedes Druckprodukt den genauen Wert des $CO_2$-Ausstoßes, der auf den Produktionsprozess in der Druckerei und deren Materialeinsatz zurückzuführen ist, zu ermitteln. Mit Hilfe eines vom Bundesverband der deutschen Druckindustrie entwickelten Rechners, mit dem viele Faktoren erfasst werden – Energieverbrauch, Farbe, Papier, Transportwege oder Einsatz von Personal – wird am Ende der Buchproduktion ein Wert ermittelt, der die relevante Wertschöpfungskette für die technische Herstellung des Buchs umfasst und den durch die Produktion verursachten $CO_2$-Ausstoß nachweist.

Für diesen Wert bezahlen wir als Verlag einen Ausgleich, der dann in anerkannte und zertifizierte Klimaschutzprojekte fließt. Die Zertifizierung erfolgt durch die Organisation *firstclimate* (www.firstclimate.com) und wird durch das Logo »Print $CO_2$ kompensiert« angezeigt.

**Die aus dem Druck dieses Buchs resultierende Klimaabgabe fließt in ein Windparkprojekt in der Marmara-Region in der Türkei.**

Das Projektgebiet liegt in der Marmara-Region an einem Höhenrücken etwa 350 m über Meereshöhe, nahe der Dörfer Elbasan und Çatalca unweit Istanbuls. Im Rahmen des Projekts werden 20 Windenergieanlagen mit einer Nennleistung von je 3 MW errichtet.

# Vegetarisches aus aller Welt

Lena Brorsson Alminger:
**Vegetarische Jul**
ISBN: 978-3-89566-245-4

Heike Kügler-Anger:
**Vive la Provence!**
ISBN: 978-3-89566-306-2

Katrin Eppler:
**Vegetarisch kochen – türkisch**
ISBN: 978-3-89566-271-3

Irmela Erckenbrecht:
**Amercian Veggie**
ISBN: 978-3-89566-297-3

## Vollwertig backen

Herbert Walker:
**Vollwertkuchen mit Pfiff**
ISBN: 978-3-89566-217-1

Angelika Eckstein:
**Vegan backen**
ISBN: 978-3-89566-239-3

Klaus Weber:
**Das Buch vom guten Pfannkuchen**
ISBN: 978-3-89566-151-8

Petra Skibbe und Joachim Skibbe:
**Backen nach Ayurveda
Kuchen, Torten & Gebäck**
ISBN: 978-3-89566-178-5

Gesamtverzeichnis: pala-verlag, Rheinstraße 35, 64283 Darmstadt
www.pala-verlag.de, E-Mail: info@pala-verlag.de

ISBN: 978-3-89566-269-0
© 2010: pala-verlag
2. ergänzte Auflage 2012
Rheinstraße 35, 64283 Darmstadt
www.pala-verlag.de

Alle Rechte vorbehalten

Illustrationen und Umschlaggestaltung: Margret Schneevoigt
Landkarte: Ingrid Keller
Übersetzung aus dem Schwedischen: Christine Waßmann
Lektorat: Angelika Eckstein

Druck und Bindung: fgb • freiburger graphische betriebe
www.fgb.de
Printed in Germany

Dieses Buch ist auf Papier aus
100 % Recyclingmaterial gedruckt
und klimaneutral produziert.